U0856419

天赐普洱 世界茶源

总策划／卫　星　杨照辉　张善强　白文彬

主　编／赵联涛　王鸿彬

本卷主编／杨春才

《文化普洱》丛书编委会

文化普洱·综合卷

本卷编委会

泰安門

图书在版编目（CIP）数据

文化普洱．综合卷 / 杨春才主编．-- 昆明：云南人民出版社，2016.10
ISBN 978-7-222-13894-0

Ⅰ．①文… Ⅱ．①杨… Ⅲ．①普洱市—概况 Ⅳ．①K927.43

中国版本图书馆CIP数据核字(2016)第072592号

创意策划： 云南出版集团公司产业发展部
出品人： 胡　平
责任编辑： 刘　焰　文艺蓓
设计总监： 袁亚雄
装帧设计： 云南非鳥文化傳播有限公司
责任校对： 李　爽
责任印制： 洪中丽

文化普洱·综合卷

主编： 杨春才
出版： 云南出版集团　云南人民出版社 // **发行：** 云南人民出版社
社址： 昆明市环城西路609号　// **邮编：** 650034
网址： www.ynpph.com.cn　// **E-mail：** ynrms@sina.com

开本： 787mm×1092mm　1/16 // **印张：** 17　// **字数：** 110千
版次： 2016年10月第1版第1次印刷
印刷： 云南出版印刷（集团）有限责任公司　云南新华印刷一厂

书号： ISBN　978-7-222-13894-0 // **定价：** 59.00元

如有图书质量与相关问题请与我社联系
审校部电话：0871-64164626　出版部电话：0871-64191534

云南人民出版社公众微信号

总序

关于普洱，可以列举出如下一些文字和数据——它位于云南西南，辖一区九县，面积 4.5 万平方公里。东南与老挝、越南接壤，西南与缅甸毗邻，2015 年末总人口 259.4 万，其中，少数民族人口占总人口的 61%。境内江河纵横、森林茂密……不过，这样的描述也许会让你感到枯燥和记不住普洱的特征，我们还是换一种更为形象的表述方式吧！

普洱是云南省面积最大的一个州市，其辖区面积比台湾省陆地面积还要大。由于它的森林覆盖率高达 68.7% ，所以又被称为地球北回归线上最大的绿洲。另外它的名气也大，这当然要归功于这片土地上盛产的普洱茶，让很多搞不清它的方位的人也在不经意中记住了这个地方。

普洱的东南与越南、老挝接壤，西南则与缅甸毗邻，国境线长达 486 公里。从澜沧江（境外称湄公河）航道出境沿江而下，可直达东南亚五国，所以有“一市连三国，一江通五邻”的说法。历史上普洱一直是中国通往东南亚的重要门户，著名的南方丝绸之路之一。除了澜沧江、红河、南亢河三条水道可直通境外，仅陆上通道就有 17 条之多，所以普洱是我国名副其实的面向南亚、东南亚辐射中心的前沿窗口。

普洱民族众多，世代居住在这里的民族有 14 个，包括哈尼族、彝族、拉祜族、佤族、傣族、布朗族、瑶族等。其中很多民族又有多个支系，有的支系间服饰和语言的差别很大，只有专家才搞得清楚。当然，这样的现实又造成了众多的民族特色文化的繁荣。普洱动植物种类繁多，矿产资源和水能资源丰富，如果说云南是“动物王国”“植物王国”和“矿物王国”，那么普洱就是整个云南的缩影，在探明的矿藏中有金、铜、铅、锡、铁、钾盐，储量位居全省前列，仅一个惠民铁矿的储量就高达21亿吨。水能资源蕴藏量1500万千瓦，这让普洱成为“西电东送”和“云电外送”的重要基地。

上述这几个现实的存在，从文化的角度来看，带来的是普洱丰富的民族文化，以及多元文化在这儿的碰撞和交融，在普洱构成了令人眼花缭乱的多彩和灿烂。

打开“文化普洱”系列丛书，无论是综合卷还是最北面的景东卷，或者“一县连三国”的江城卷，你首先感受到的是在这块土地上无处不在的普洱茶文化。这片绿叶由于得天独厚的优秀品质和独特的风味、独特的功效，以及伴随着它诞生的那些诸如茶马古道等文化，像镇沅卷中记述的那棵古茶王树，历经数千年依然活力四射、葱茏如盖。在整个普洱可记可述的历史中，无论是从原始部落直接过渡到现代文明的民族，还是那些经过“改土归流”演变到今天的群体，都可以看到普洱茶文化的影子在其间闪烁，只是有时是主角，有时是配角，但其内涵的深厚，仍然令人为之感喟不已。

花开花谢，日落日出。在很长的时间里，普洱与外界的联系相对闭塞，但生活在这块土地上的各族群众，却与日月天地为伴，与山水鸟兽为友，在一方水土中演绎出一方风流。多样的民族歌舞，是普洱大地上的一绝，傣族的马鹿舞、象脚鼓舞，佤族的甩发舞，拉祜族的芦笙舞，一亮相就惊艳全场，并通过专业团队和影视作品传遍了世界。《阿佤人民唱新歌》《婚誓》等富有普洱民族元素的歌曲，至今仍在共和国的大地上飘扬。

走进普洱，那绿色的大地，清新的空气，连片的万亩茶园，宜居的生态环境，如今已经得到了公认。在思茅卷中，那些来自山林的鲜活野生菌、带着自然清香的花卉食品，会使你对“生态普洱”有一个直观的概念；在澜沧卷中，抚摸着茶马古道上那些深深的蹄印，听着千年万亩古茶园中的自然箫声，你仿佛看到了边疆与祖国心脏的血肉相连，听到了边疆人民反对外敌入侵的呐喊；走进宁洱卷，带你瞻仰被誉为“新中国民族团结第一碑”的民族团结誓词碑，你会为那些决心在共产党领导下，为新中国努力奋斗的少数民族代表们掷地有声的誓言感到由衷的钦佩；在孟连卷中，八百多年关于孟连土司的记载，会让你感受到边疆社会发展的历史轨迹；在景谷卷里，那些在菩提树绿影中摇曳的傣族佛教文化和众多的仙踪佛迹，会让你的心灵再一次得到净化；在西盟卷中，佤族文化的冲击会像木鼓阵阵，拷问着我们这个现代文明世界的是是非非；在墨江卷里，那个被北回归线一分为二的小县城，则会用娓娓动听的语言，讲述双胞胎节的故事，讲述不同民族间文化相互交融的历史；在江城卷里，登上十层大山，透过中国、越南、老挝的同一块界碑，在鸡鸣三国的黎明中，你会感叹异国其实离我们那么近……

漫漫岁月，风雨沧桑。古往今来，普洱大地上值得点赞的色彩何止上述几笔，甚至也不是这套丛书中的一百多万字就能叙述完毕的。总之，这块土地上丰厚的文化内涵，也催生了普洱人的文化自信。一批批普洱的作家、诗人、画家、书法家和摄影家，以家乡的事物为题，创作出了一件件精美的文艺作品。其中，誉满中外的绝版木刻，更成为普洱文化的一张重彩名片。

为了进一步推动普洱文化的繁荣发展，普洱市委、市政府决定从增强文化软实力着手，编辑一套全面、权威，同时又图文并茂的“文化普洱”系列丛书，将普洱的人文精神完整地展现出来。为了完成这个前所未有的任务，全市九县一区组成了市、县（区）两级撰稿班子，集中了本土文化学者、作家、摄影家反复讨论、精心构思、实地考察，本着突出特色、尊重历史、实事求是、传承文明的原则，历经一年多的辛苦努力，完成了这部生动、鲜活，有独特文化韵味的丛书。

和以往编辑出版的介绍普洱的书籍不同，这套丛书打破了传统的编辑体例，以文化为核心，用散文的手法，完成了对普洱文化魅力的提炼，将普洱文化的价值做了全面的提升。尽管是第一次组织编辑这样的丛书，有经验的欠缺和县（区）间协调的不足，但丛书的编辑出版，是普洱文化发展的一件大事。这套丛书，也必将会成为中华文化海洋中的一朵美丽浪花。

从古到今，文化一直是一个民族的血脉，一直是人民群众的精神家园。因为文化的薪火传承，因为对文化价值的守望，才造就了一个民族的共同文脉。普洱的各族人民，也同样在漫长的岁月中坚守自己的文化家园，不因交通的隔阻而断流，也不因生活的艰辛而放弃，像上天赐予普洱的那片绿色茶叶，最终会让世界认识她醇厚凝重、越陈越香的特殊品质。

“文化普洱”丛书编辑委员会

2015年10月

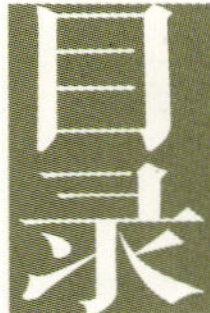
目
录

第一章
一方水土叙述的沧桑岁月

水生万物，地发千祥，一方水土养一方人。普洱大地上的人与事、景与物，它们都将以平实的视角，以厚重的抒情风格，向人们展示普洱独特的人文景观、历史沿革、风土人情以及社会文化心理在历史长河中的变迁，在赏心悦目中让人们感受本土历史，寻求历史和现实的对接点。以文化探索的姿态，激发人们对历史的沧桑记忆。普洱的一方水土，总是离不开这些字眼：江河、山林、土司、战争、迁徙、盟誓、古镇、陶器等，翻开这一章，我们才会感知，何为大道无言，天下苍生！

山水无言润苍生

无量巍巍，哀牢苍茫，澜沧江和无数江河在其间穿行流淌，无数生灵在这里栖息吟唱。山河无言润泽万物苍生，千百年来，勤劳的普洱人民把生命与灵魂安放在高山峡谷之间，寄寓于河流平坝之上。每一个火塘都有精彩的故事，每一座村落都有动人的传说，在人与自然和谐相处的时光里，文明在这里得以静静的传承和流淌……

草色生香最普洱

普洱这方水土，谁若是用心解读她，就会读出意味深长。流经普洱境内的澜沧江，在傣语中称为“百万大象繁衍的河流”，多么富有诗意的描述，百万大象能在一条亘古不变的江河里繁衍，其气魄与境界之大是可想而知的。其实，这仅是其边境民族之傣族的一种说法而已，删繁就简，举重若轻，解读普洱可以从一草一木、一砖一瓦开始。

许多人也许没听说过“南兰章”这个名称。南兰章是古代傣民族对现今澜沧江的称谓，其意为：百万大象繁衍的河流。这条河流在普洱境内流经 300 多公里，两岸皆为奇峰嶙峋、千折百回的高山大谷，相伴其间的是竹林开花、松林吐翠、古榕竞绞、山花争妍的奇特景观。

其实这些景观也仅仅是万象普洱很小的一部分。只要你展开普洱地图看一看，普洱幅员达45000平方公里的土地，极像一块三角，就是这个三角处处透着一种大自然的原始气息，说它是神秘三角洲是丝毫不为过的。

三角中的每一角都担着一份寓言般的神奇。

靠北的一角是与大理相邻的景东县，无量山和澜沧江就是从这里开始进入普洱境内的。

靠西南的一角是与缅甸毗邻的孟连、西盟两个县，萨尔温江擦着普洱地界，滚滚流进了东南亚。

靠东南一角是被人们称为一眼望三国的江城县，李仙江穿过万千山谷一口气就直奔了越南。

这是一个什么样的三角？他一头挑着云南古代文明的中心地大理，两头挑着神秘之境的东南亚各国，可谓中国进入东南亚咽喉中的咽喉。在这个三角一般的大地上，除了山就是水，除了蓝天就是林海，一切生命在这里都能找到延伸的

❶ 澜沧江

❷ 梅子湖鸟瞰

空间，山与水，植物与动物完全在一种天然的默契中相守。江河落日，年复一年地吟唱着古老的欢歌。

而三角形的腹地中依然是山与水的世界。思茅区太阳河国家公园里犀牛、长臂猴等数百种动物其乐融融；澜沧县糯岗傣族古寨，仿佛停留着不知疲倦的古色；镇沅县哀牢山中的瀑布，泼泄了数万年却依然轻盈欢快。墨江县是北回归线由南而来转身南去的地方。

也许，直到此时，在你心中会觉得这番描绘，依然还有几分抽象，那就让我们来点具体的。

普洱市地处祖国西南边陲，境内有哀牢山、无量山等国家级自然保护区，全市森林覆盖率高达68.7%。长期以来享有“绿海明珠”的称号。近年来，普洱全市大力发展绿色、低碳、循环经济，着力培育特色生物产业、清洁能源、林产业和休闲度假产业，率先探索绿色发展之路。2013 年 6 月，普洱市率先获国家发改委批复建设“国家级绿色经济试验示范区”。普洱市以“森林普洱”建设为抓手，实施退耕还林还草、天然林保护和生物多样性保护以及生态移民等工程，大力开展生态市、生态县（区）、生态乡（镇）创建的绿色生态建设，处处呈现出绿水青山、美丽生态的青绿世界。

正是如此不遗余力地呵护普洱、营造普洱，普洱的山水才重新迎来了消失了数十年的野生亚洲象。2014 年 7 月，一群野生亚洲象再次光临思茅区，共 21 头。其实这并非是第一次，从 20 多年前一头独来独往的公象闯进普洱到现在，长年在普洱境内活动的亚洲野生象已多达 100 多头。

在外人看来，普洱这些年接纳了这么多野生亚

澜沧江

洲象，足见普洱对于森林的保护是何等的倾心倾力。其实，若不是后工业时代的到来，早在一百多年前，普洱市思茅区如今的倚象镇，过去的大名要响亮得多，叫野象坝。仅听一听这名称，在我们心中就能想象出那万象出没的大地，是怎样的令人遐思和亢奋。

自古普洱进贡皇朝的贡品中，数大象和普洱茶为最。土司们驯养好的大象和加工得香喷喷的普洱茶曾无数次地从普洱的高山峡谷间出去，朝贡的人一去一来需大半年光景。他们的双脚踏过一座又一座的山巅，他们的双耳聆听过一条又一条的飞瀑，但是在古代，谁也不会把这些当风景看的。到了京师，想必皇上也不会询问普洱究竟有何等迷人的风景。

朝贡的人只想着快快把贡物呈献给皇帝，然后赶回故土向土司交了差，好回家和老婆孩子暖被窝。

对普洱江河、高山充满想象的是当代人，幽幽青山，万象穿行，潺潺流水，金色落霞，每一样都能勾起当代人享受的欲望。

江河南流人相守

江河南流，气象万千，而普洱大地上动植物王国的神秘性与多样性更让人流连忘返。当然，这仅仅是在动植物生态环境上的标榜与呈现。而从江河归属上细说，普洱地界上流淌着把边江、威远江、小黑江，最终顺心顺意地流入了澜沧江；从山脉走向看，普洱又背靠着哀牢山与无量山；从人文气脉上看，她一脚走着佛教文化，一脚走着道教文化……这才是完整而立体的普洱。

如果说黄河是中国的母亲河，那么澜沧江就应该是普洱的生命之江了。

澜沧江，从青藏高原唐古拉山裹挟着极寒之气一路流来，自景东县流入普洱市，在普洱市境内流经五县一区，市内流程达 300 多公里。然后流经西双版纳，出境称湄公河，连接老挝、缅甸、泰国、柬埔寨、越南五国，最后才浩浩荡荡地汇入南海，全长 4880 公里。

澜沧江以窄、急、险著称，奔流不息的澜沧江水波涛汹涌，在普洱的高山峡谷间峰回路转地奔流着，险激处浪高竟达一米多，形成了一道道险滩。由于群山错落、急流滔滔，旧时普洱各地的马帮欲过澜沧江，靠的就是摆渡，整控渡口、糯扎渡口、景洪渡口（西双版纳直到 20 世纪 70 年代才从普洱市划出）一直是马帮们通往英国殖民地（缅甸）、法国殖民地（越南）的必经渡口。摆渡工具以竹排居多。一匹马大约需一个银圆，一个人约需一个半开，如此的摆渡成本，可见过江之难。

澜沧江对于普洱，不仅利于农业发展，亦是普洱动植物资源的濡养之源。如长臂猿、亚洲象、孟加拉虎、孔雀等数百种动物能在普洱境内千百年地繁衍，其中一个最大的天然条件与澜沧江分不开。有专家认为，

普洱是中国动植物物种资源极为宝贵的遗传基因库。从这一点来看是经得住检验的。

澜沧江在普洱流经的五县一区，是少数民族最多的地区，有彝、哈尼、傣、拉祜、汉等十余个民族。实际上她已经不是一条孤独的大江，普洱境内的把边江、威远江、小黑江和数也数不尽的河流无不汇入澜沧江。澜沧江在普洱仿佛得到了一次空前的能量补充，一口气穿峡过谷一路向南流去，直至进入东南亚各国。为了多一点洋气，有人将其称为“东方多瑙河”。千百年来勤劳的普洱人民，以山为邻，以江为伴，把家园与灵魂安放在和谐的自然之间，使文明得以安然地传承和持续地发展，谱写了人与自然和谐相处的动人诗篇。

南国的无量山

你可能以为，在这块神秘三角洲里说来说去无非就是森林多而已，其实普洱生态系统的丰富更在于它的多样性，这一点它地难觅。普洱人常把边境四县称为“边四县”：江城县、澜沧县、孟连县、西盟县，这些靠南的县以热带雨林著

糯扎渡水电站全景图

称于世。但普洱最靠北的景东县无量大山中的那无尽森林，同样有着令人遐思无限的空间。

无量山，高耸入云，植被茂密，是普洱市境内最具原始性的森林大山，林中有黑冠长臂猿。黑冠长臂猿在中国仅两个地方有，一个是海南，不过据说海南目前仅存 19 只，而普洱市景东县无量山自然保护区居然有 500 只左右，被人们誉为“中国黑冠长臂猿之乡”是名副其实的。更兼景东无量山原始森林中豹、猴、熊、鹿、野猪、岩羊等百余种珍稀动物四季繁衍，使普洱动植物王国的美誉更加立体、形象起来。无量山虽起源于大理南涧县，但绝大多数山体横布于普洱市的景东县，然后向西南延伸进镇沅、景谷两县。

无量山在景东县内面积达 2581 平方公里。

许多人一提到无量山，总会想到那些江湖侠客在此修习武功绝学的画面。其实非也，据说写《天龙八部》的金庸先生并未到过无量山。我想他之所以把无量山选作他书中的一个背景，可能源自“无量”二字。“无量”是道教最为常用的两个字，当然佛

无量主峰远眺

教也偶然用之，但说得最多、用途更广泛的还是道教。作为道士的一种唱礼，诸如，无量太乙度厄天尊、无量太乙救苦天尊等等。

而金庸先生是一位在国学、宗教方面皆有研究的一代武侠小说宗师，为自己书中所选背景想必与无量这一极具宗教色彩的地名有关，所以他猛然想到景东的无量山。

在普洱，除了一些少数民族的原始宗教外，佛教就算得上大教了。佛教不仅汉人信奉，傣族、布朗族也广为信奉，而盛行道教的自然当属景东了。古代南昭的发源地就在巍宝山，皮逻阁当年就是以道教凝聚人心而创建了南昭国，景东距巍山仅百里之遥，受道教的影响应是自然之事。更为奇特，同时也令人费解的是，道教就这样沿着无量山传播到景谷、镇沅，渐次缓慢下来，道教在普洱传播的末端在思茅。就像一个分水岭，道教到了思茅立即止步不前了，思茅以下的澜沧、孟连、西盟再无踪影。

不管怎么说，无量山作为一座巍峨的大山，除了山势巍峨、连绵不断，更兼无量山中各种珍禽异兽游走其间，成了当代人们心中最为广阔的自然珍宝的蕴藏之山。

❶ 哀牢山秋色

❷ 北回归线纪念园一角

岁月有痕，刻画着曾经的过往

翻开一段历史，就翻开了一方水土的过往，有快乐有悲伤，有暴戾有安详，有欢聚有离散。王朝罔替，星移斗转，不变的是家国富强的信念。触摸岁月深处，那斑斑的伤痛与沧桑，时时提醒我们珍视今天的幸福与吉祥。

远去的土司背影

无论是思可法，还是罕罢法；无论是孟连刀氏土司，还是景东陶府土司，在这些人物或文物的研究考察中，你自然会看到远去土司的背影……同是傣族土司，因处于普洱一南一北两端之别而显出了文化造化上的巨大差异。南边的土司后人依然在佛教文化中保持着她的自然朴拙，而北端的另一支土司却在汉化中消于无形……

元大军一旦问鼎中原，那让世界为之颤抖的马背神功，仅98年便消失得无影无踪了。就在元朝渐次衰败之机，云南西南部群山中，一支傣民族在思可法的率领下，迅速壮大起来，而且很快做了麓川王，史称麓川王朝。元朝派军剿过，也派使臣安抚过，全都无用。把元朝皇帝气得够呛。偏偏这时，颇有头脑的思可法很有些心机，立即派人驮了一批贡品送到大都献给了皇帝。这还用问？皇帝自然喜上眉梢，像了却了一桩天大的心事，高兴得金口一开：赏！

这一赏，让思可法拥有了一个麓川路平民总管府总管的头衔。

谁料想，这哪里满足得了已成气候的思可法。有了一个合法的头衔，思可法更加放开手脚一搏，东征西讨干起开拓疆域的事来。朝廷只得派兵再剿，岂料一败再败，皇帝只好再赏：封思可法为平缅宣慰使司的宣慰使。

而另一支傣族，却在宋朝即将亡国之时，元军翻越藏区直奔勐卯（今瑞丽）而来，那时还没有麓川王思可法，元军又恰好正如日中天，勐卯无论如何也扛不住这支马背神兵。只得在元军的胁迫下，迈开迁徙的脚步。

1887 年的普洱县城

领头的人名叫罕罢法。

他身后是条长长的迁徙队伍，所有的臣民都牵着牛马、扛着锄犁、背着稻种……沿着茫茫群山朝更南的方向走走停停。这是一支完全没有目的地的队伍，与一般意义上的迁徙不同，世界上所有被称作迁徙的人群，都有明确的目的地，而罕罢法的队伍没有。

走了不知多少年月，他们终于跨过了澜沧江，山越来越大，谷越来越深，森林也越来越茂密，在如此广袤的地区竟然人迹罕至。眼前的景象，对于这支队伍而言，那是莫大的鼓舞。因为罕罢法一心只想着如何摆脱乱世的纷争，他并不想成为乱世的主角。每个时代都会有自己的主角，而那样的主角需要千万具躯体堆积而成。眼下的大江有如一道屏障，只要能找到一块立足的平地，这支队伍就将获得重生。

在无尽的森林中行走，整个队伍的衣衫很快就褴褛了。幸运的是，翻越过几座高山后，他们眼前一亮，前方就是平展展的坝子，再怎么精疲力竭的人群，当目睹眼前关乎生命、关乎可供繁衍的栖居地，欢呼就成了一种必然：孟连……孟连……孟连……

孟连是傣族语，意思是寻找到的好地方。

没用几年，这块坝子已被罕罢法的子民们开拓成阡阡陌陌的稻田，坝子中有一条南垒河很慈善地呵护着两岸的田地。

那座金山从山顶到山下已建起了屋宇，已然有了些王城的格局。但罕罢法深知，保住这支历尽艰辛的傣族队伍，令其繁衍生息，生生世世享受这块绿宝石般的土地，比什么都重要。就这样，他不敢造次，也不想造次，便带领着他的臣民精心耕耘着这块土地。

罕罢法无疑是明智的。好不容易寻找到澜沧江之畔，毫无必要与谁较劲。他很像当年躬耕巍宝山的皮逻阁，靠着顺乎自然以为治，吸引着更多的民族，在这里休养生息。谁也不知道，六百余年前的罕罢法，是否读过庄子的“夫唯不争，故天下莫能与之争”的经典语录。

正是“夫唯不争”这一自然朴素的治世观，在随后的数百年间，罕罢法后人的统治区域鼎盛一时，辖区一度扩张到东临澜沧江流域与今天的景谷县相望，北与今西双版纳的车里宣慰司相连，南与今缅甸景栋孟艮府为界，西与今缅甸东枝腊戍一带为界，北与今临沧市双江县勐缅司和孟定府毗邻。

元帝国眼看这支曾经被逼迁徙的夷人，竟然几年间又焕发出生机了，总得想点什么办法。这时的元帝国版图实在大得无法照管过来，再加上这路夷人还算安分，干脆派出使臣，设置木连路军民府，任命罕罢法为军民府长官。到了明朝永乐年间，改木连路军民府为孟连土司府，设宣抚司署，赐姓刀。

昔日傣王宫——孟连宣抚司署

躬耕是那时的头等大事，只有缺地少土时，才会想着法去争夺其他人群的土地。而罕罢法治下的这片土地是那样广阔，肥沃异常，根本用不着再去与什么人争。于是他选择了顺应天地之法。

仅几十年，孟连坝子和散居各山头的其他民族，粮食已不再是什么大事了。眼看着坝子中成熟的稻谷，用水牛一袋袋驮回各家的粮仓码放起来，有了粮食还怕什么呢？剩下的时间建庙搭寺，念经诵佛，让那佛音在森林河谷间袅袅而传。人就是这样，只要有一片地头，再有一段无争的时光，人口便会渐渐增多，原来的寨子快容纳不下这么多新生的晚辈了，就随便选块靠山傍水的地方再建新寨，反正孟连最不缺的就是土地。

罕罢法老了，但老归老，他深知在他身后，一切情形都可能发生。于是，他把儿孙们叫到跟前，叮嘱着：不可与人争，更不能与朝廷争。躬耕好这片土地，能让你们子子孙孙无忧。

无疑，他的后人把这话深深记进了心里。

之后的明朝，在孟连设了宣抚司，就这样一朝又一朝，一代又一代，孟连宣抚司里的土司们，始终谨记着顺应天地的话。无论是明朝来了，还是清朝来了，职贡的事绝不会少。朝廷也知道孟连刀家土司对朝廷无二心，加之年年戍边，抵御着缅甸兰那王国和后来的木梳王朝的时时窜扰，省了朝廷多少心。既然刀家土司对朝廷这般忠心，对戍边的事也还算上心，那就给他们更大的治权吧，一切体例、习俗，包括文字就任他们自行其是吧！这一点与普洱最北端的陶府土司极为不同，二者最后的宿命也完全不同。

孟连土司治下的这种状态，在普洱境内是绝无仅有的。

六百余年间，自罕罢法算起，历经了元、明、清、民国各朝代，传袭了 28 代，末了一幢占地一万余平方米的傣汉合璧的宣抚司署至今得以完整保留，成为云南全省保存最完整、规模最宏大、历时六百余年的土司官署。不仅如此，孟连整个傣族族群的一切宗教、习俗都得以完整地保留下来，令人步入孟连之时，仿佛有一种闯入东南亚国家的感觉。那种东南亚风情无处不在，以至成为国内外游客游览、怀想的胜地。

现在许多人在谈论普洱最西南边上的孟连宣抚司署时，时常把它称为傣王宫，或者金色王宫。对于这个王宫，让人时常想到的却是失败与重生。若不是六百多年前勐卯之变，勐卯地方政权在元大军的弯刀下败得那般惨烈，他的第一代引领者就不会从失败和屈辱中，寻思出“夫唯不争为争”的朴素治世观。

而另一支傣族土司却在汉化中消于无形，这就是普洱最北端著名的陶府土司。

往普洱的六百多年前深深看一眼，你会品尝出一种特别的滋味。在普洱有两支土司，一支在普洱最西南的边上，一支在普洱最北端的边上。两支土司开基的时间几乎处于同一个时期，他们一南一北，在那乱世之期，似乎两支土司根本不可能互通信息，更不可能交流治世之道。但令人回味无穷的竟是两支土司的治世观皆深含着“夫唯不争为争”的老庄之风。所不同的是，南边的孟连土司游离在澜沧江一侧，完全保留下了傣民族的全部细节，而北端的陶氏土司在无量、哀牢两座大山间自觉不自觉地完全被汉化了。而被汉化后的景东可谓文风大开，名士俊才辈出。在这样局促的山林间，被时人称为蛮夷之地的景东，居然走出了一位皇帝的老师，这不能不令今人咀嚼一番600年前陶氏的先祖们，究竟给他的后人们留下了一个怎样的治世之道。

1981年11月，景东县城河东街凤凰山麓下，一座工地正在开工，不知是谁吼了一声，挖到宝贝了！大家聚拢一看，是一块碑，上面镌刻着故知府少凤公墓的碑文。这可不是一件平平常常的事，景东人说陶府、论陶府已不是一年两年的事，但皆无据可寻。眼下那块冰凉的石碑，此时似乎还在散发着历史的余温。消息很快传遍景东县城，当然也逐级报到了县里、市里、省里。

景东热闹了，全省文物界也热闹了。

景东卫城遗址

人们热闹的根源在于，想通过陶氏的遗迹，找到一把能打开600多年来景东乃至云南民族演绎史的大门钥匙。自然，抢救性发掘工作在上级政府的批准下，很快便开展起来。一共发掘了三次，每次都令云南史学界震惊不已，仅土知府陶金墓葬就出土金器500多件、银器21件、铜器若干。

打开景东历史之门的钥匙是那样神奇。

历史之门吱的一声，徐徐开启。一个强盛繁荣的大唐正忙于施行开明、和睦的民族之策。对远在西南方的云南，似乎有些相安无事，此时一个本土的政权——南诏国正在崛起。景东离南昭国实在太近了，即使翻山越岭走路，两三天工夫便可到达。顺理成章，南昭国在景东设置了银生节度，史称银生城。到了宋代，云南大理段

氏崛起，自立大理国，顺便又从南昭国手里接过了银生城。

这个时候，开南等地傣族势力在1080年逐渐强大起来，并最终攻占了南诏国设立的银生节度所在地银生城。这是陶府先期的奠基者，有了银生城，自然就有了地方政治、经济、文化大权。大理国深受大宋精致、高雅文化的熏陶，原有的一点点血性，当下已寻不到踪影了，对开南崛起的这支傣族势力颇显无奈。

紧接着元军来了。

而银生城一个将影响这片土地长达数百年的重要人物也将出场。他叫阿只鲁，只要听到这个名字，略知一点傣族习俗的人，都会明白，这是一个实实在在的傣族名号。

很快忽必烈统领着他的元军攻进了云南。攻下云南后，立即设了云南行省，省下面再设路、州、县。阿只鲁就成了开南州的长官，隶属威楚路。

阿只鲁的智慧此时帮了他大忙，他绝不是夜郎国里的那个王子。这时他也懂得放眼天下，他眼里的那个天下，契丹人的辽国灭了，大理国完了，就连大宋也死去了。就凭自己还能怎样？开南州就开南州吧！但阿只鲁绝不是夷人中的泛泛之辈。

不久，他派出自己的儿子罕旺带着一批贡物一路上了大都，这可不是一般的进贡，阿只鲁拿捏得十分精准。他知道进完贡，皇帝自然高兴，这么远的地方还有大元如此忠心的臣民，一定会有所怜恤的。果不其然，罕旺很巧妙地请求着：开南州深处无量、哀牢两座大山之间，离威楚路远不说，来来去去有如登天，请陛下升开南州为府，行吗？谁想到，朝廷还真就批了，升开南州为景东军民府，命阿只鲁为军民府知府。

一个令普洱北端地域文风大开的陶府从历史的深处迎面走来。

已是 1382 年，阿只鲁早已离开了人世，而他的儿孙中有一个名叫俄的人，很有些继往开来的气派。他知道，要治理一个地方离不开文治，而文治离不开汉人。那时还是元帝国的尾声，汉人的地位甚至不如女真人，更何况景东那时无论是大分散还是小集中，四处都是夷人。在这种夷人集聚的区域，把一个汉人请来做自己的幕僚，或是军师，可谓亘古未有。而俄却大胆慕名请来了汉人姜固宗，并委以重任，让他做了通事。俄的这种智慧很像他的祖父阿只鲁。

大明的战马已在丈量着未来明帝国的版图了。通事姜固宗匆匆来到俄的府里：知府大人，听到大明战马的奔腾声了吗？

俄沉稳地点点头：听到了。

接下来，姜固宗细细给俄分析了一番时局。俄静静听着，不时点头附和。

姜固宗觉得时机已到：知府大人，自古没有千年的王朝，只有千年的百姓，此时迎候明军是万全之策。

俄抚掌而答：就这么办。

俄毫不犹豫地抓住了眼前的时局变化，大明军队在傅友德的统领下，没多大工夫便攻下楚雄，而这时俄早已派出家臣阿哀和通事姜固宗于第一时间赶到了楚雄，把元帝国所授金印交给了明军，并献上两头驯象、一百多匹马、三千多两银子。明军首领在这种地方见到了姜固宗这个汉人，一定有如他乡遇到故人，再加上驯象、战马、银子，高兴是自不必说的，自然也不敢耽搁，立即命人把贡物送往京城。圣旨很快就下来了，委任俄为景东知府，正四品官衔，代表着皇朝授命的文绮、袭衣、府印当然少不了。最要紧的两条，皇帝亲赐俄姓陶，更令俄意想不到的，朝廷竟然特批景东府陶氏自此以后可世袭罔替。

可谓天恩浩荡，俄陶就这样走来了，景东汉文化的发端也始于此。

从古哀牢国起，到南昭国，再到大理国，景东都身处其中，本

景东卫城遗址

土原住民集聚下的景东，举目看去，山还是那两座大山，田地也还是那些田地，就连江河也一成不变地还是那些江河。绝大多数的人从未思量过山外面的世界，绝大多数人也从未有过诸如封闭、孤寂的感觉，一切皆那么正常。但从俄陶开始，已经把眼光放到了无量、哀牢大山外的世界。

当一个人心智中注入了学习先进文化的内核，是无人拉得住的。陶府这支傣民族的首领人物，潜下心一步一步开始学习汉文化。

明正统七年（1442 年），景东正式设立了卫儒学。陶府土司子弟被送进了学堂，陶启就是其中一人。陶启先就读当地儒学，后又进京读儒学，学成后续任知府。

到了陶淞时，就更把这种汉文化的学习推崇到一个更高的高度。当他继任景东知府后，对自己的同胞不遗余力劝人读书，还挤出银两倡导郡学。这种劝学办学的做法，放在今天好像不算什么，但放在那个时代，这可是不得了的事，更别说那是在 600 年前夷人的集聚地。也正是陶淞对汉文化的推崇，使当地土民开阔了视野，从读书中受益匪浅，今年一个举人，明年一个进士，让景东各山各谷的人真真切切懂得了“书中自有黄金屋”的道理。陶淞获得了当时文人学士普遍的景仰。

今天的景东人，每每考籍自己的历史时，总绕不开陶府。而作

为景东以外的人在惊异于景东文风大开，对其文化蕴含颇多深究时，总会有诸多猜测。实际上，根本一条，自俄陶起，学儒读书从首领开始，这种示范作用是不言而喻的。从史料中我们还能看到一些记载，每一代陶氏土司，都曾入过儒学，成为傣族群体中接受过汉文化启蒙教育的优秀人物。

于是，在对景东文风何以大兴的考籍中，我们突然会有一种惊叹：那几百年间，争战少了，普洱最北端的这块土地上忽地变得那样清雅而柔顺。曾经是族群间必争之地的景东，忽地就呈现出文化生态的乐园。

在数百年前景东的这个文化生态乐园中，我们还能看到一幅图景："一府之地，民多百夷，性本善朴，昔为缅字，今有史书。"从史籍中还能看到这样一个事实，到明代中后期，汉文在景东已经普遍运用。就连知府陶少凤的墓碑文字也用汉文镌刻。有人推断，景东傣族到了清代，汉文化更加流行，傣文在景东傣族中几乎绝迹。

随着女真人取得天下，建立清朝，开始经营云南西南部，对一些条件成熟的地区实行"改土归流"，这对于景东陶府这支傣族的影响是极大的。不仅如此，偏偏到了咸丰、同治年间，云南滇西农民爆发大起义，一度攻下景东。再到清廷光复景东，这里外把景东给翻了一个天，已经汉化得极为彻底的陶府，以及他所统领的这支傣族最终走上了衰亡之途，传至陶煺一共 25 代。

在这种完全开放的汉文化之风吹拂下，景东从明到清可谓人才辈出，程含章、刘琨、戴家政、曹鹤鸣、侯应中等一干名臣俊才，为景东陶氏大兴汉文化做了注脚。

于是，直至今日，普洱这块极边之地，让人们津津乐道的土司，无外乎景东陶氏和孟连刀氏宣抚司。其实普洱原有土司远不止这两支，原有的如思茅龙潭土司、景谷土司、江城整董召氏土司、澜沧石氏土司。但令普洱文史界更为着迷，更愿意花些气力去探究、去猜测的还是景东陶氏和孟连刀氏。

一南一北，北边的土司在习汉文、用汉文中幻化了自己，却光

思茅正关

耀了北端普洱人的精神魂魄，告别了蛮力和蒙昧，向人文的更深处走去。而西南边上的一支，在顺天应人的理念中坚守着自己的本真，为今天的普洱留下了最后的古朴。

这也正是今天普洱的迷人之处。

遥远边关话当年

说起重镇，普洱可谓通向东南亚的咽喉。今天看来，普洱如此安详的地方，如此翠绿如海的地方，如此温良纯美的地方，居然同重镇这个词贴在一块！重镇是什么？谁都知道，重镇乃军事要冲，驻军屯兵之地。一说到兵，那可是国之杀器，很难与温良纯美联系到一起来。

自古普洱人在重镇这种地方讨生活很有些老庄遗风，凡事都以一种自自然然，甚至是超然物外的闲适姿态来对待。就说普洱的许多地名吧，几乎都散发着泥土的芳香。普洱人

是不喜做匠气实足的文人名士的，他们懂得顺应天地，保持着对大自然最虔诚的本分。很多地名都不似中原内地般的绞尽脑汁，而是透着普洱人的那种率性，那种闲适，那种纯美可亲。

古代的中国文士对于取名可谓伤精费神之至，明明就一个小水塘，偏偏要搞出点大名堂来，不是贪大，就是求雅，编排出一堆又一堆的桃花潭、黑龙潭……普洱人却干脆来个大俗似雅。这里的天地山水够美了，还是敬畏自然的伟力吧！以思茅人为例，他们面对秀美山川的心境是那样的闲适，对着山对着水，抬手一

景谷“塔包树、树包塔”

指顺口就叫麻鸡丫口、洗马河、大头箐、滑石板、老爪箐等等。这种取名法透着自信，也不乏纯美，圣贤庄子都说了天地有大美而不言，普洱人谨记圣贤之言，绝不画蛇添足。这些地名惹得我的一位文友大为不爽，在他看来太没品位，少了风雅。而在我看来，这恰恰是普洱人骨子里蕴藏着的一种率性与洒脱、纯美与自信。

思茅往北有一处地名叫樱桃台，这名算是有些风雅了。但这绝不是思茅的文人们搜索枯肠塞给它的。那是一层层的高山，这一层层的高山以公路里程算，少说也有十数公里。思茅人是不喜用“层”这个字眼的，一般都称这种地貌为台。刚好北面的群山尽布野樱桃树，到了寒冬腊月，一台台的山峦火辣辣地开遍樱桃花。思茅人对这样的景致同样顺手一指，叫樱桃台吧！什么花海、香苑统统省掉，就三个字：樱桃台。干干脆脆，干干净净。这美景要放在内地，我相信内地的文士们还不知要弄出多少花哨、风雅、古典的大名来。

对于如何为地方取名，取名的用意何在，鲁迅、余秋雨都有精彩的论述，不过还是把取名这档子事放一放，说说重镇普洱边关的事吧。

那柯里茶马驿站

翻阅《思茅厅志》上册时，最打动人的不是那些记录得满满当当的孝男烈女，倒是末尾那页记着的一个人和一件事，总让人想到战国时的那些武士来。

清光绪十二年（1886 年），一个姓覃的人到任思茅厅做了同知。思茅人的率性真的无处不在，就连从志书中也可看出这种率性。编撰该册的人估计是把覃同知的大名给忘了，但如不记述此公又心有不甘，于是，一管毛笔在手便在覃的后面画了两个小圆圈代表名。这样就害得后来阅读志书的人只好管他叫覃，不过这样也好，写起来简单不说，还有些战国时期的味道。

覃到思茅之前，边境一线的越南、缅甸、老挝早已沦陷为英、法殖民地。不知道他进城那一刻是怎样的心境，思茅城四门城楼已完全倾圮，瓦砾横卧。那景象令覃这一介书生也热血奔涌，堂堂上国的重镇老这么衰败着，拿什么来震慑外藩，更何况眼下的外藩有英法强国支撑，那可是雄藩了。俗话说人靠衣装，而国也得有雄姿高楼。覃决定重修城楼，而修城楼要不少银子，思茅这样的边陲门户哪里拿得出这笔银子。向朝廷要吧，覃连想都不敢想，那时朝廷也过得紧巴巴的，昨天一个赔款条约，今天一个割地协议，早把大清给弄得入不敷出。

覃白天看过倾圮的城楼，心中一阵阵隐痛，夜里翻出表册单书挑灯读了起来，每读一段心中就会多出一份壮怀之志。看看百十年前的雍正十一年（1733 年），思茅蛮落坡筑起了土城，到了乾隆三十六年（1771 年）改筑了砖城。一代代同知们不是修城就是建书院、造大成殿，曾经在滇南大地也算是雄踞边陲。思茅城总不能到了我姓覃的手上，弄得跟王小二过年似的，一年不如一年！

覃找来了思茅的绅民把重修四门城楼的想法说了一遍。绅民们你看看我，我看看他，不约而同地道出了苦水：修城楼，银子从哪里来？

别看覃只是一介书生，骨子里同样迸发着豪壮之情，他知道此时此刻什么大话空话都不管用，还得来实的。于是爽烈烈地说：我捐两年的廉银。这可不得了，两年的廉银可不是个小数。雍正帝为防腐反贪曾开创养廉制度，类似于我们今天常说的高薪养廉。一个同知的年俸九十两银子，大头就靠养廉银。普洱是极边重镇，养廉银要略高于其他地方，一年在一千到一千二百两之间。绅民们一看之下，还有什么好说的，人家覃一个外地人，来这里做同知也不过两三年，做完就走人，而绅民们将祖祖辈辈厮守着这块土地，受益的还是大家。就冲覃这番急功好义，捐，我们捐！思茅的绅民们欢欢喜喜捐了三千多两银子。

覃像一名孤独的武士，整天在四门工地上巡视督工，终于在一年多后把四座城楼重建一新。大清国的威仪又在边陲重镇普洱彰显出来了。

有边必有防

有边界，必防守，这是每个国家都遵循的常理。然而落实到一个具体的国家，具体到一个立体的统治者，边防制度却因人而异。在中国的清朝时代，简单的“汛塘”两字，成了一种国家边防制度的推助器，无形中也推动了古普洱的商贸发展。

在清代，国家边防是以一种汛塘制度作为捍卫边疆的基本手段来实施的，普洱边疆自然成为重中之重。汛塘用今天的叫法，实际就是一种边防哨卡，将时光之门往前推两百多年，汛塘制度作为一种国家制度，它最初的目的是加强清政府对边疆各族人民的控制，防止人民叛乱，同时也起到抵御外敌的侵扰作用。为此，普洱一地竟然设了左中右营大大小小 89 个汛塘哨卡，足见普洱作为边境地区的重要性，所设汛塘有：

一是普洱府宁洱县普洱镇中营，设有：小江汛、西萨汛、蛮谷汛，东路勐先卡、等角汛，南路头塘、猛海田塘、追栗河塘、那柯里塘，西南那圈塘、猛泗塘、阿况塘，西路山神庙塘、困索塘、酒房塘、山神庙卡，西北圈岗塘、西萨顶塘、铁厂河塘、蛮谷顶塘，北路厥箕坝塘、茶庵塘、土地塘、磨黑塘、松丫塘、孔雀屏塘、通关哨塘、弯腰树塘、上把边塘、下把边塘、漫戛河塘、通关镇塘、茅稗地塘、化竹箐塘。

二是思茅厅普洱镇右营，设有：那莫田塘、斑鸠坡汛、倚象关、水碓河关、永靖关，东北土地塘、斑鸠坡塘、坡脚塘，西北北庙塘、麻栗坪塘、那莫汛塘、隔界塘。

三是威远厅威远营，设有：猛往汛、猛戛关、茂蔑汛、抱母汛、斗母汛、课里汛、暖里汛，东路课里顶塘、暖里顶塘、一碗水塘、猛乃塘，东南大海资塘、小海资塘、赵家村塘、大湾子塘、猛戛塘、瘴气河塘、南京河塘、拦马河塘、高寨塘、平寨塘、景谷塘、黄土坡塘、大坡头塘、龙潭塘、独木塘。

四是他郎厅普洱镇左营，设有：邦轰汛、宿南汛、阿墨汛，东路水癸塘，南路蚂蝗塘、黑龙塘、斑丫法塘、乾龙塘、布固塘，西路小猛连塘、布竜塘、鱼凫塘、挖岩塘、谷麻塘，骂泥街卡、界址皮卡、坤勇厂三卡、獐差寨卡、东川寨卡。

行走在边境线上的贸易队伍

汛塘制度的推行，对普洱经济发展也产生了巨大的推动作用。由于清兵每月的饷银极低，要想养家糊口几乎不可能，绿营兵丁唯一的办法，就是带着家人以汛塘周边驻地垦荒开地，发展农业生产，以此缓解生存之艰难，另外就是开矿炼银、炼铜。三藩之乱后，朝廷为防万一，大量绿营兵由内地调入，如此一来，内地先进的农业技术、冶炼技术也渐渐传入普洱，并为当地少数民族所接受，汛塘制度客观上推动了普洱边疆的经济社会发展。

古镇悠悠，解读着老去的时光

古镇已经老去，他们的青春蜷缩进沧桑的院墙，推开木雕的旧窗，就能看到曾经的喧嚣与繁华。光阴荏苒，掩盖不住历史的回响，那些文明的声响一直回荡在我们前行的路上。

南疆古镇觅踪

在南疆古镇中，碧溪古镇总是透着古风神韵，无论是她的建筑，还是藏匿其间的人文逸事，都闪烁着时光的重量。碧溪古镇原名碧朔，是明朝“恭顺州”遗址，民国时期“光复英雄”“护国将军”庾恩旸的故里，是“茶马古道”上的一个重要驿站。

当代人对古镇有一种十分迷茫的眷恋，其根源皆因我们所生活的这个四处充斥着商业味、车流如织的环境中，心中忽地生起抱朴含真的情绪。对于古老的东西，实在有着太多的回忆和不舍。于是碧溪古镇、磨黑古镇、通关古镇在普洱，就成了我们对古老的怀念之地，成为当代普洱人心中的美景。虽然这些古老的景色透着太多太多的斑驳，可是，当年的遗

碧溪古镇

韵依然像一幅泛着沧桑的画卷，让普洱人心中多了些凭恃。

碧溪古镇，那是一个地地道道的古镇，还在明朝幽王朱棣登上皇位之初就设了恭顺州，治所就在碧溪，现今的普洱人称它为碧溪街。碧溪街口，一座拱门城楼好不威风地把一座古城锁在其中。碧溪在明清时期称为碧朔，可能是它的两边皆有溪流，后改为碧溪。从永乐四年（1406 年）到嘉靖十二年（1533 年），其间碧溪设州历时 127 年，后才移州他郎寨。从那时起，碧溪古镇就完全处在一种自生自怜的风化状态之下。数百年下来，似乎一点都没影响它作为南下普洱第一镇的风采。

碧溪古城有十字街，也有小街、岔街，但都

端直排布，棋盘建筑风格犹存。碧溪的街道与其他古镇最大的不同之处：街还是街，只是沿街不开门面，只设一重檐雕斗画梁的大门，门宽五尺，门两侧青砖砌柱。砖柱砌工精巧，严丝合缝，缝口不过毫厘。据说，当年砌这样的门柱，先用糯米熬成浆，再取浆和石灰搅拌用于砌砖。这样精细的料，难怪经数百年风雨，门柱依然工整漂亮。

家家开这样一道大门，门左右各置一个门礅石，都磨得如同精铁，锃亮发光。这是从儿子变成父亲，再由父亲变成爷祖的人，一辈辈，坐了多少代才把这青石头磨成精铁的。上几级石阶，进门入院，才发现碧溪街幢幢四合院落，前厅、后厅加两间耳房，把一家人儿孙几代连为一体。古时中国人在市言商，在野农耕，引为立家之本，而碧溪城垣相连，却不设商铺门面，关起门来躲在四合院里过日子。

是一群什么样的人才能有这安闲心境？我猜想，那是一群在各行当中发了财的人，揣着万金欲做隐去之想，却又不甘远离人烟，做一林间翁。白居易在《题赠郑秘书澂君石沟溪隐居》诗句里有："新居寄楚山，山碧溪溶溶……时人不到处，苔石无尘踪……"看来这群人根本不认同白居易的小隐。他们虽隐而不全退，瞧瞧青石板，并未长出苔藓，倒是四季马帮穿梭，青石板被踩得发亮。这群人真聪慧，居于这茶马古道的要冲之地碧溪，出北门，楚雄、大理、丽江相闻；走东门，玉溪、昆明相承；投南道普洱、版纳相连。中原万里盛衰，边关千里风情尽在心中，何须全隐！

他们要在这里做什么呢？发了财，挣了大钱，都想到了培养后代的大事来。中国人善谈齐家治国平天下的话，但能落到实处者不多。有了钱都想着荫及子孙，早忘了财多累主的古训。财主们建房都不会忘了砌一照壁，壁上画福画寿，还不忘题上"长宜子孙"四字。其实富不过三代，祸起萧墙，往往败家依此而来，哪得长宜？这些人在茶马道上行走多时，终于发现碧溪这方宝地，不倨不傲，有遮碧山护家，有碧溪水养人，纷纷起了四合院，关上门，请来了先生，背书识字，写一笔天下文章，方道出钱是死的，人却是活的这句话的精义来。

十字街那座穿心鼓楼的街边，石牌坊的散件靠于墙角。石牌原就立在这里，“文革”时被拆了，散落民间，几经追访才一件一件摆回来。这是一座贞节牌坊，原是一名冯姓妇女，早年丧夫守寡，苦苦守候着独子过活。有一年，儿子进京殿试，高中。儿子欣喜地赶回家向母亲报喜，不料归家时，老母已亡故，痛极哀极，请来石匠，錾了这道贞节牌坊，立在八角楼口。不知这位母亲地下是否有知，会不会对当初选碧溪街安身教子生出莫大的安慰！

游岔街时，有座四合院一反常规，将大门开在侧面，进门一个小天井可充过道，转侧门才入得院中。这样违例建房，想必是风水先生的主意，此院刚建好几年，就出了一个张进士。“文革”前进士牌尚高悬于门首。后人生怕为其所累，拆了，毁掉！房主后人言：堂屋中曾供着“老爷爷”，也毁了。我想进士的堂屋里所供不会是别人，应是文魁星吧！

穿心鼓楼边有幢四合院，现为村公所，房屋高大结实，百多年前所建。房主姓何，石屏人氏。因做生意向富家告贷，不料生意不顺，按行规，民间告贷，应在年三十夜前还清本息，何氏无力还贷，只好远走他乡，流落墨江，做了一名采金人。他时来运转，竟挖到旺矿，从此财旺利亨，赶马做了生意。在这条茶马古道上风风雨雨数年，最后也选了碧溪街落脚。宅子的大厅悬一联：“静坐常思己过，闲谈莫论人非。”横批：高朋满座。何家后裔中，数人居于海外，有博士，有执教于大学的教授，看来多得益于此联的经世略情之道。大概到碧溪街安身的人，都在心中装了这么一句铭文式的对联了。

当然，发了财依然恋财的人也有，西门街头那房就建得壮观气派，两重雕花飞檐大门，进门口两边设门卫室。过了两重大门是四合院，再进又是四合院，足见此房的主人当年财气之旺，建了这么一座豪华气派、重重叠叠、几门几院的房，也不忘招财进宝，临街开了马店。看那大厅柱礅石，青石錾磨而成，状如灯笼，棱角如瓜，光滑如镜，经岁月研磨，俨如青铜器物。房主当年真是打错了主意，要做生意，茶马古道上商贾重镇多的是。这里只适于居家教子，百年树人之地，安得开门利市！

碧溪街的四合院，静悄悄地不露声色，关起门来，耳听着世外的兴衰，心读着六艺之文，文有冯状元、张进士，武有民国上将庾恩旸。它并不彰显，却抱了几百年日月光华装入其间。恐怕你就是再有亿万钱财也建不了这么一座碧溪景观了。

盐乡映古镇　磨黑在其间

因盐之渊源，磨黑便增添了诸多美誉，也让过往的人们忆起古道雄关中的桩桩件件美谈——其实，她只告诉人们一

件事，磨黑的时光不曾老去！磨黑镇是块名人辈出、人杰地灵的沃土，灵秀的山水哺育了众多的优秀儿女，是著名的电影表演艺术家杨丽坤和全国英模张培英的故乡。

昆曼大通道从昆明一路往下进入滇南，在紧靠高速公路的边上，一个静秀、典雅的小镇——磨黑就掩映在山清水秀之间。普洱人将其称为“滇南盐都、茶马古镇、革命老区、丽人故乡”。

数百年前，那是明代，磨黑还是傣民族居住之地，这里还只是茶马古道上马锅头歇息的极为普通的一个小驿站。直到清雍正三年（1725 年），在磨黑地下发现食盐，并进行大量开采，开盐井与制盐的兴起，才让磨黑真正进入小镇时代。小镇便逐渐形成了盐、茶集市，人丁日益兴旺起来。

到了同治初年（1862 年），各类商家、官贾、马帮汇集此地，人欢马叫，拥挤不堪，异常繁华。这是一个弹丸般的小镇，但在那时却是日纳马帮上百场、骡马上千匹、马锅头及商人四五千人次繁荣异常的滇南小镇。

小镇因盐而名，也因盐而汇集了各地带来的文化、观念、风俗。一切都在这里交融、渗透，形成了磨黑人善于学习和运用最先进技术、观念的精明。

碧溪、磨黑、通关至今依然是普洱境内保存最完整，生活功能依然完备的小镇，三个古镇为普洱描绘出一段中原文化渐次进入普洱的一条轨迹。

磨黑古镇——转角楼

义学与书院，让文明走向远方

教育是人类走出蒙昧、走向文明的重要手段。当雍正年间普洱改土归流设了普洱府，朝廷开始着手教化的事，清代，今普洱地区的景东、镇沅、普洱、墨江、思茅等县均先后兴办义学。据旧志记载，设置义学最早是在清康熙四十年（1701 年）设立的景东府龙泉寺义学，直到清光绪二十三年（1897 年），先后设义学 82 馆。当然，清代思茅厅所办的义学，招收对象并非民间孤寒子弟。因当初此地汉民少，而傣族弟子全在寺庙中诵佛经、学傣文，加之清初颁布云南土司世袭办法，其中一条原则性条件即土司袭位者必须接受学校教育，否则不得承袭，所以这里的义学主要是招收当地土司头人及家境殷实的富家孩童。

从私塾和义学结束学习的少年，要进入更高一级的机构继续学习，为适应科举的需要，从中央到地方各级府衙都设有官学（庙学），官学由封建朝廷直接举办和管理。由于官学只设立于各级行政中心所在地，仍难以满足需要，于是私人办学的书院应运而生。书院始见于唐代，发展于宋代。最初，书院为民办的学馆，明清时期，书院为官府控制，成为主要的教育机构和科举应试的准备场所。云南的书院发展滞后于内地，普洱一带的开发就更晚了。明弘治年间，当时直隶于云南布政司的景东府（现普洱市景东县），设立了一所明志书院。万历十五年（1587 年），尹学孔在景东创办了新城书院。清代，今普洱市范围内创建的书院都是地方政府设立的，有景东开南书院、景东凌凤书院、宁洱普阳院、宁洱凤鸣书院，光绪二十二年（1896 年）移址并分别更名，有宏远书院、镇沅碧松书院、恩乐文明书院、思茅玉屏书院、思茅思诚书院、他郎道南书院、他郎联珠书院、威远凤山书院、威远钟山书院。

思诚书院

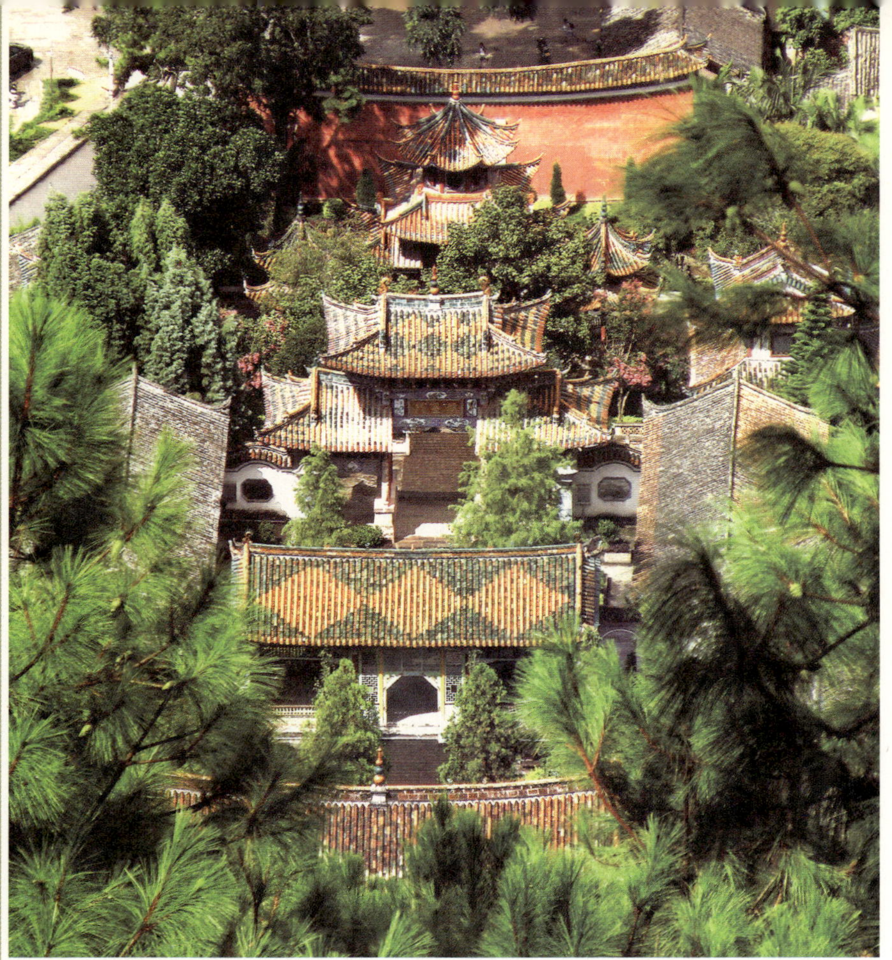

景东文庙全景

庙学完全围绕科举考试开展教育，教学以背诵应考经典为主要内容，以练习写八股文为基本项目。而书院则强调理解领悟和躬行，培养学高有能之人。光绪二十一年（1895 年），任迤南兵备道的陈灿为宏远书院设立著文，说："普洱地处极边，异族窥伺，乃谋以讲学立教之大作，维挽世道人心之本。……他日保障南陲，共戴尊亲。"当时的宏远书院已存藏了《无师自通英语》《算学启蒙》《兵船炮税》《行军测绘》及《万国史记》《海国图志》等新书，这就是书院与庙学之别。

就义学和书院的数量而言，普洱旧时的书院无论是从数量上还是规模上来说，同中原内地相比，一定是极少极小的，但在这极边之地，开南书院、宏远书院、思城书院等各地的书院已牵动着这片含十三版纳各土司地生活着的各民族，书院从某种意义而言，已成为普洱文明的枢纽，正因为有了义学和书院，促进了普洱边地文风大开，数百年间走出了一大批名臣俊士，使文明得以跨越千山万水，走向远方……

边地儿女英雄志

每一片土地都需要英雄的捍卫，在边地普洱从来不缺这样的英雄。正是英雄儿女在部族和家国危难之时挺身而出，挽狂澜于既倒，扶大厦之将倾，维护了家园的完整和民族的团结和谐，使这片古老的大地焕发出生生不息的活力。他们值得我们永远敬仰和铭记。

白鹤山抗英

在许多人看来，普洱有着优良的自然条件，面积如此广袤，常年冬暖夏凉，真可谓上苍眷顾之地。但许多人未必知道，普洱曾经是国家南部疆域维护稳定的最前沿，普洱各族人民肩上扛着沉甸甸的守土之责。

18 世纪末，英法列强觊觎普洱境内丰富的矿藏、森林及众多资源，在征服占领了缅甸、老挝、越南等国后，在英国殖民者眼里，似乎世界再无疆界，想要什么，伸手便拿。占领缅甸后的英国殖民者，转而向中国境内的孟连县渗透。

孟连与缅甸仅一江（南卡江）之隔，每当雨季降临，山洪从千山万谷汇聚而来，灌入南卡江，形成一道天然屏障，江两岸边民的一切正常交往只能停歇下来。雨季一过，江水

下降，两岸边民蹚着水便可直达对岸。

把时光稍稍往前推两百多年，中缅边境一直是兵连祸结之地。缅甸木梳王朝不断窜入中国一方，抢掠财物、人口。每次抢掠来得都十分突然，若等朝廷大军，那得何年何月？守土御敌的责任，在许多时候自然落在当地各族人民和土司头上。1882 年，孟艮（今缅甸景栋）出兵进犯孟连，孟艮兵长驱直入，时任孟连土司刀派华，只能一面奏报朝廷，一面组织队伍出兵抗击，战端一开，竟持续了两年。虽最终击退了来犯之敌，但战争给普洱边疆人民造成生命、财产的巨大损失是可以想见的。

连年战火，边境一线各族群众的生活陷入更加贫困之中，土司和平民都到了心力交瘁的境地。都说屋漏偏逢连夜雨，连喘息一会的工夫都没有，紧接着英国殖民者瞅准时机，开始步步进逼。

为了打开通往中国内地的大门，将战略位置十分重要的孟连作为据点，英国人利用中缅边境双方冲突及内部矛盾激化的可乘之机，率武装士兵侵入我国边境。结果，英国人打错了如意算盘……

南卡江——孟连与缅甸一江之隔

这一年，英国人组织了一支500人的勘探队，称为南路勘探队。1890年10月16日，英国武装勘探队从缅甸曼德勒出发，计划侵入孟连、景洪一带实施勘探作业。制造借口以图牟利，从来都是英国殖民者的拿手招数。为了找到一个侵入孟连的借口，他们思来想去，终于寻找到了缅甸满冷土司与孟连土司结下的恩恩怨怨。于是，决定向满冷土司提供武器弹药，支持满冷土司带兵与孟连土司开战。如此一来，便可以边境双方摩擦危及两国安全为由，名正言顺地侵入中国一方的孟连白鹤山一带。

孟连土司至此，真是无路可退了。立即通知下去，把各山各谷中的百姓组织起来，开赴白鹤山一带抗击英军。英国人面对这样一支兵不兵、民不民的土司兵，摆起傲慢的架势，软硬兼施，但都遭到了拒绝。

白鹤山抗英，彰显了普洱人民爱国守土的风骨血性。

最初到达白鹤山一带的土司队伍，加上后来闻讯而来的孟连坝子的各族群众，他们扛锄的扛锄，拿刀的拿刀，像一道铜墙铁壁，很快把英国兵围住，最终英国人胆怯退去。

自此，英国人无法用武力征服，便向中方提出勘界，在南永河汇入南卡江的地方立起了中缅已定界的界碑。

班洪，我们的领土

“班洪”一词，也许没有多少普洱人会留下深刻印象。然而当人们翻阅佤族人民抗英与抗日列强的历史篇章时，我们才会豁然明白，他们在守护祖国的疆土中，写下了可歌可泣的动人篇章。

班洪抗英纪念碑

在守护祖国领土这条底线面前，佤族人民的勤劳和勇敢在班洪抗英反抗列强入侵、捍卫祖国领土和主权的斗争中建立了不朽功勋。

19 世纪末至 20 世纪 30 年代，英帝国主义势力多次侵入佤族地区，进行刺探情报、勘测地形、密探矿藏等侵略活动，均遭到佤、傣、汉等当地各族人民的英勇反抗。

清光绪十六年（1890 年），英国的一支“探险队”在 500 名英军的保护下侵入阿佤山等地，佤族人民“各执兵器”、奋起反抗，吓得英军头目“面如土色”，最终狼狈逃窜。

沧源县（原属普洱管辖）的班洪、班老地区，蕴藏着丰富的银、铅等矿藏。垂涎已久的英国从 1927 年起，便开始密探矿藏、盗运矿石。1933 年，更肆无忌惮地抢修公路，准备占领这一地区，夺取矿藏。在遭到抵制与反抗后，1934 年初，竟出动大批军队武装占领矿区。英军的野蛮侵略行径激起了佤族人民的愤怒。当年 2 月，班洪王和班老王邀请周围十余部落，于班洪集会，剽牛盟誓："宁血流成河，断不做英帝之奴隶。"会后立即组织起 3 支武装，开始反英斗争，这就是震惊中外的"班洪事件"。双江、澜沧、耿马等地的佤、傣、汉等族人民也组织了一千多人的义勇军，赶赴班洪地区参战。全国人民也以各种形式予以支援，给英军以沉重打击。

这场反侵略斗争充分显示了普洱佤族人民高昂的爱国主义精神，对激发当地，甚至全国人民的反帝爱国热情起到了积极作用。

不能忘却的战争

"江山美景十万里，驰骋边疆今日还。"这是一首诗，不知道它是谁写的，但诗中的意境用在普洱这样的边疆，就显得有些不着边际了。其实这首诗追求一种意境，它无须太具象的真实。

而普洱边疆的真实，却是普洱人民自古用自己坚实的臂膀撑起了边疆的版图。1937 年日军发动全面侵华战争，本来战争从中国北方打来，地处中国最南边的普洱理应成为那时中国的大后方。谁料想得到，随着战争的深入，日军发动了太平洋战争，很快占领了东南亚各国，此时此刻，普洱又变成了抗日战争的前方。

一项更为艰难的守土之责再次落到普洱人民的肩头之上。支援前线这四个字，放到现在似乎是个轻飘飘的词语，而放在当时的普洱几乎就是一项不能承受之重。要兵、要粮、要款、要马、要骡的政令、军令俨如雪片飞来，赶着日头，催着夜晚，一担担刚舂好的大米，一包包刚做完的新鞋，一队队刚征集起来的青年，一批批刚调拨起来的骡马挤撞在普洱曲折弯弯的山道之中。

而此时的普洱多地正遭受着疟疾的肆虐。

在此危急关头，普洱人民依然谨守着卫国的大义。

1942年，中国远征军第六军战场失利，被迫退入国内普洱。一时之间，这么多的部队云集普洱。这么多人，要吃要喝，物资的供应就成了比泰山还要重的头等大事。光一个吃菜，就连菜秧子都吃尽，坝子周遭山林中的野菜尽数被吃光。只要是为了抗日，普洱人民愿意忍饥挨饿。

普洱各县的孟连、澜沧、思茅均遭日机轰炸，其间还伴有地震、瘟疫的磨难，这些天灾人祸无一不在考验着普洱人民的意志。但是，普洱人民挺过来了。八年之中，这里虽然没有发生过惊天动地的战斗和战役，但面对一桩桩、一件件沉重的支前任务，普洱人民奋力承担了，为抗日做出了贡献。

除了支援前线，面对抗日守土这个大节时，普洱义无反顾地以各种方式投入到这场卫国之战中。佤山抗日游击队就在这样的环境下应运而生。

那是1942年的夏天，日军击破英缅军和中国远征军的防线，欲沿着滇缅南段未定界进犯普洱佤山地区。中共南方局敏锐地看到，在此紧要关头，必须立即组建一支敌后抗日游击队。通过联络佤山地区的土司武装，做好爱国人士罗正明的思想工作，在中共党组织的鼓励下，罗正明同意在佤山组建游击武装，建立抗日根据地。

只要是为了抗日，普洱各界二话不说，出钱的出钱，出力的出力。罗正明是普洱景谷一带的商人，为了抗日，他拿出家财购买枪炮，并把自己通过马帮生意所赚钱财，拿出来作为游击队的给养。普洱佤山周围的各族青年闻讯后，不畏艰苦、跋山涉水赶来加入游击队。一支兵力近两千人的队伍就这样勇猛地向日寇发动了卫

国之战。

部队兵分三路，于 4 月向日军发起总攻。日军在抗日游击队的勇猛进攻下闻风而逃，游击队顺利收复满象、永和、蛮国、班洪。至 5 月底，佤山游击队光复了澜沧江边境及中英滇缅南段未定界被日伪军侵占的佤山南部及十七王地等地区。此后，日伪慑于游击队的威力，未敢侵犯佤山一草一木。

剽牛盟誓，各族人民一条心

普洱尚处于蛮荒之时，各民族便剽牛立碑盟誓，这块碑被誉为新中国民族团结第一碑！盟誓及其民族团结的相关话语不仅是历史记忆，它已成为边疆各族人民的情感依附、精神力量、文化传统和共同追求，更是普洱各民族宝贵的地方性知识和共同的精神财富。

新中国已然成立，她将带领她的人民走向世界民族之林。但普洱边疆还处于蛮荒和封闭之中，要打破千百年的领地意识，拆除樊篱就成了各民族心头期盼已久的头等大事。在古老边疆普洱，民族与民族、头人与头人之间盟誓的事常有，但盟誓的目的通常都是基于某种各自的利益。如此大规模，各民族参与其间，并为了一个共同的目标——跟着共产党走社会主义道路，实属首次。

六十余年后，不少学者一直在咀嚼这次盟誓的历史意义。

这是一个充满浩荡之气的盟誓，一直被内地视为未曾开化的，偏居南疆蛮荒之地的普洱各族人民，自此将紧跟共和国的脚步，走向充满朝气的新纪元。

这时，广场中英姿焕发的主持人大声宣布：“剽牛仪式开始！”战士们将一头肥壮的水牛牵进红场，在牛角桩上拴定。阵阵铓锣声在广场中响起，西盟班箐佤族头人拉勐站立

❶ 方有富——当年剽牛立誓人之一

❷ 罗正明

场中，头上裹着红布包头，赤裸着上身，黝黑的皮肤显得十分彪悍。拉勐手持剽枪，徐步而行，离拴着水牛的牛角桩越来越近，他开始围着剽牛桩转动起来。

这是普洱大地最古朴的一种力量，这种力量将汇入创建一个伟大的共和国之中！这种力量将支撑起新中国边疆普洱崭新的文明天空。

党政军民此时肃穆的双眼全集中到场中拉勐的身上。拉勐停止了转动，把剽枪往地上一插，左手抚着额头，用低沉的佤语念道："我们的山神山主，生活在这个地方的各民族都是出自一个司岗里的人，都是亲人、兄弟，今天在共产党和毛主席的领导下，更是如一串芭蕉一样，不分你和我，团结一条心。这次我们去到北京，看到皇宫宝地，现在我们又回到了普洱，河水改道，地方换主，我们听毛主席的话，拥护共产党和人民政府。我们不听老蒋（即蒋介石）的话，反对国民党。毛色好的黄牛，长角标俊的水牛哟！我们

要剽杀你，为的是看了卦、预祥兆，你就让我们心满意足，预知前程吧。”

拉勐作为普洱边疆最具代表性的民族头人之一，刚刚参加完新中国北京观礼团回到普洱。在北京观礼期间受到毛主席接见的拉勐，此时此地多么希望剽倒的水牛，牛头能指向南方，剽口向上。这是佤族剽牛时大吉大利的卦象。自己能够作为几千人的代表，成为剽牛的主角，这是他平生第一次，只有这时，拉勐才深感手中那支剽枪是何等的沉重。

当他双手举起剽枪，猛跑几步奋力把剽枪刺向牛的前肋，紧接着再连刺两枪，水牛慢慢流着血最终向左侧倒下，就在那一刻，他看到了，看到了，倒地的水牛剽口向上，牛头朝着南方。把拉勐惊喜得又唱又跳，情不自禁地高呼起来：“毛主席勐（佤语：好），共产党勐，毛主席领导定了，团结一定会搞好。”在拉勐最激情的感染下，参加剽牛仪式的党政领导和广大军民刷地站立起来，鼓掌如雷。傣族代表忍不住用自己的语言庆贺般地高呼：“水！水！”

胜利，解放，对于普洱这个古老的边疆，预示着未来步入富强与文明的速度将空前加快。六十余年前，普洱各民族的头人们第一次对此做出了认真思考，并以最古朴的盟誓之约，为普洱今天的和平和繁荣奠定了坚实的基石——民族团结誓词碑。

❶ 佤族木鼓节剽牛活动

❷ 在民族誓词碑亭举行庆祝活动

那些走进了历史的普洱人

每个地方都有走得更远的人。普洱极边，多少年来，无数的普洱人不甘囿于大山的阻碍，怀揣梦想，或读书，或经商，或从政，勇敢地走出大山，走出普洱，走向了更为宽广的世界。有的甚至走向了当时的政治中心，成为某个时代具有影响力的参与人。翻开普洱的历史，至今仍然可以看到他们的身影，若长河波光闪闪烁烁，点亮了历史的星空……

四省巡抚程含章与帝王之师刘琨

程含章（1762—1832 年），又名罗含章，字月川，普洱市景东县人，因其先祖“佐官吏捕杀土寇，惧祸，改姓罗”。程含章于清乾隆五十七年（1792 年）乡试中举，嘉庆五年（1800 年）广东封川任知县，上任后因体察百姓疾苦，被称为“罗青天”。嘉庆九年至十三年（1804—1808 年）期间，他因出海捕盗有功，先后出任广东化州、连州知州。嘉庆十四年（1809 年），奉调署理雷州海防同知，嘉庆十七年（1812 年）升任粤北重镇南雄直隶州知州，嘉庆二十四年（1819 年）升任惠州知府，有“万家佛座”之尊称。随后升任山东兖沂漕道，尚未到任，再升为山东按察使。道光元年（1821 年），升任河南布政使。同年升任广东巡抚。此后，程含章先后任过山东巡抚、江西巡抚。道光四年，任工部左

程含章像

侍郎，主持治理淮河工程，时人称他“勤力有方略，尤明习郡国水利”，次年改任浙江巡抚。道光六年（1826 年），调往山东，后因疏劾浙抚刘彬士失职不实，降为刑部员外郎。次年改任福建布政使，后“以病乞归”。道光十二年（1832 年），病故于景东。

程含章除了在政治上有所建树外，他在诗歌、散文创作方面也获得了很高的艺术成就。著有《山左集》《中州集》《岭南集》《岭南续集》《江右集》《潞储集》《之江集》。另外，史论及政论文收入《月川未是稿》。程含章在外为官，仍不忘家乡，以自己的积蓄在景东置义田、修文庙。修补县志，出资牵头修桥铺路，造福于乡人。

刘琨（1804—1886 年），字玉昆，号韫，普洱市景东县人。清道光十二年（1832 年）恩科中试亚元；道光二十二年（1842 年）考取恩科进士，授翰林院编修。曾任湖南学政，转补翰林院侍讲学士、内阁学士兼礼部侍郎、兵部右侍郎，调补户部右侍郎、工程右侍郎、国史馆副总裁和经筵讲官、太仆侍卿、江南正考官、内阁学士、文渊阁直阁事、湖南巡抚等职。他重视地方文化传承，寻觅昆明钱沣遗作，刻

成《钱南园遗集》留传于世。光绪十一年（1885 年），刘琨卒于长沙，遗著有手稿 8 卷，后入辑为《刘中丞奏稿》。

刘崑不仅政绩卓著，且诗文书法出众，被尊为清代四大金石印刻家和著名书法家，名列《中国古代清官名录》之中。但民间更愿意称颂的是他曾在担任翰林院大学士期间，做过当时还是太子的同治皇帝的老师。在名士如云的京城，能够选拔去为太子讲书谈经，其学问肯定有众人首肯的过人之处。

同盟会元老吕志伊和民国上将庾恩旸

吕志伊（1881—1940 年），字天民，原名占东，别署侠少、旭初、金马，普洱市思茅区人。

在普洱中心城市思茅的老城区，有一条不显眼的小街道叫天民街，这是为了纪念吕志伊而取的名字。1904 年，吕志伊从云南众多的考生中脱颖而出，到了日本的早稻田大学官费留学，在那里，他认识了黄兴、宋教仁等志士。在他们的影响下，吕志伊参加了中国同盟会的筹备会议，成为首批同盟会员，后来他创建了同盟会的云南分会，被推举为主盟人。

在中国近代史的一些重大事件中，吕志伊是重要的组织者和参与者。1911 年，他参与了广州起义，担任撰叙法令、檄文、保管印信、密件等工作。起义失败后到上海担任《民主报》撰述。7 月，他参加组织同盟会中部总会，10 月武昌起义爆发后，他受命赶赴云南，参加“重九起义”，云南光复后他担任都督府参议。1912 年，南京中华民国临时政府成立时，他被孙中山任命为司法部次长。

孙中山辞职后，吕志伊也辞职随同孙中山到上海，担任同盟会驻沪机关部副部长、《民国新闻》总编辑。1915 年，经孙中山同意回到云南参与讨伐袁世凯的“护国运动”。护国军、护国运动这些提法就是吕志伊的主意，此外，吕志伊还亲自撰写了护国军讨袁檄文。

1920 年到 1923 年中，孙中山在广州组织军政府和后来的大元帅府的时候，吕志伊先后担任过司法部次长、内政部次长、大理院长兼管司法行

政事务，成为孙中山先生的得力助手。1925 年以后，国民党右派把持了领导权，他被免职。1928 年，作为国民党的资深政治家，他又被选为中央立法院立法委员。由于多年的劳碌和对孙中山先生身后国民党现状的痛心，五十多岁的吕志伊告老回到了昆明，于 1940 年病逝，终年 60 岁。

在早期的同盟会员和国民党员中，吕志伊的文笔是很有名气的。早年在日本就在《民报》《云南》等杂志上发表过文章，后来在同盟会仰光分会的机关报《光华日报》做过笔政，还担任过上海《民主报》的撰述、《民国新闻》的总编辑，也参加过“南社”的革命文学活动。出版有《偶得诗集》四卷、《天民回忆录》等著作。

吕志伊去世后，家乡人把他出生的那条街道改成了天民街。

庾恩旸（1884—1918 年），又名泽普，别号墨江、枫渔，民国陆军中将，滇军将领，普洱市墨江县人。

❶ 吕志伊

❷ 庾恩旸

1884 年，庾恩旸出生在墨江县碧溪古镇。他从幼年读私塾到进“县学”，都表现出了过人的聪慧。后来普洱府省属第六中学设译算班，庾恩旸被公费保送就读，后来，云南首次选派留学生前往日本学习军事，成绩突出的庾恩旸应考合格，与李根源、唐继尧等 26 人一同赴日本留学，五年后回到云南正式从军。

1911 年，庾恩旸参加了蔡锷等领导的云南“重九起义”，战斗中，他指挥炮兵炮击总督府，为起义部队顺利攻占总督府起到了关键作用。起义结束后，庾恩旸参加组织南征军，平定了临安、个旧等地，因为战功卓著，被授予陆军少将军衔，前往北京就职。后又回到云南，担任过云南陆军讲武堂校长、都督府高等顾问等职务。袁世凯复辟后，唐继尧通电反抗，改组都督府为护国军政府，庾恩旸担任军政厅长兼宪兵司令官。袁世凯死后，护国军政府改组，军队改编为三个师，庾恩旸担任督军公署总参谋长兼第三师师长，被授为陆军中将军衔。

1917 年，张勋复辟。云南组成靖国军北伐，庾恩旸担任第三军军长。1918 年，庾恩旸在贵州毕节行营被刺身亡，年仅 35 岁。民国政府追赠他为陆军上将军衔。

庾恩旸自从军以来，连年一直征战不断，但即使在这样的条件下，他还是写下了不少的文稿出版，主要有《中国对外三十六大军事家》《云南北伐军援黔记事》《云南首义拥护共和始末记》，此外还有《庾枫渔诗集》传世。庾家一族，除了庾恩旸，其兄庾恩荣、弟庾恩锡均是民国初期的云南风云人物，被称为庾氏三杰。

革命烈士杨正元与“金花”杨丽坤

杨正元（1902—1931 年），汉族，普洱市宁洱县人，1925 年加入中国共产党。

1902 年 12 月 16 日，杨正元出身于那迁村半坡一个农民家庭，父母生养了六男五女，他排行第六，所以人称“杨老六”。因祖上勤奋，到他父亲时，家里积攒了几十亩田地，二十几头驮牛，主要做驮盐巴、茶叶、黄

烟之类的民间运输生意，家庭还算殷实。杨正元的父母比较开明，把孩子都送到附近的小学念书，杨正元聪明好学、性格开朗，深得父母、老师、同学的喜欢。1916 年，年满 14 岁的杨正元在那迁初等小学毕业后，以优异的成绩考入县立高等小学。1919 年，北京爆发了震惊中外的五四爱国运动，年满 17 岁的杨正元，被五四的爱国情怀深深感染，立志为探求真理而不懈奋斗。

1924 年杨正元考入北平农业大学，经李鑫介绍加入革命团体“革新社”。1925 年加入中国共产党。1926 年根据组织派遣，杨正元到广州大沙头国民革命军第三军政治训练班学习。1927 年受广东区委派遣回云南。1927 年受中共云南省特委委派回思普区开展地下工作，并于 1928 年建立中共宁洱特别支部，后建立中共宁洱县委，杨正元任书记。1931 年初，杨正元在普洱地区发动武装暴动，开展土地革命。面对当时的白色恐怖，他迅速召开会议研究对策，决定积极准备武装暴动，没收地主土地，分给农民，建立农村人民政权。当时墨江也在积极准备暴动，力量也较强，两地暴动，造成互相声援之势，杨正元组织农民暴动的一系列活动，引起了敌人的注意。杨正元家乡附近的南德乡乡长之子陈荫文、勐泗地主龙长青探知内情，密报国民党宁洱县政府。县长张仕铁和团防大队长张友仁在获得密报的当晚急派中队长徐道章带领士兵三十多人于 4 月 19 日连夜赶往德化那迁，包围了杨正元家，杨正元被击中臂部，不幸被捕。在狱中，杨正元大义凛然、坚贞不屈，面对酷刑，杨正元始终以一句“你们在我口里得不到什么东西”回绝了敌人的威吓利诱。4 月 30 日，由于敌人残酷的刑讯逼供，年仅 29 岁的杨正元在

杨正元

狱中壮烈牺牲，为思普人民的解放事业献出了自己年轻的生命。

杨正元是为思普大地洒下第一滴血的革命烈士，他在思普大地上点燃了革命圣火，他是一盏灯塔，照亮了边疆少数民族群众的心。因为有了杨正元这样的革命英烈赋予的不熄的灵魂，这块土地因此变得更加彤红和凝重……

杨丽坤（1942—2000 年），女，彝族，普洱市宁洱县人。我国著名舞蹈演员、电影演员。曾出演 1959 年国庆献礼彩色故事片《五朵金花》和 1964 年彩色音乐舞蹈片《阿诗玛》两部电影，在中国亿万观众心中留下不可磨灭的印象，

杨丽坤出身于普洱市宁洱县磨黑老街一个家道中落的熬盐灶家，在家排行第九，家里人都叫她“小九儿”。杨丽坤母亲早逝，10 岁的她到昆明随二姐一起生活，12 岁时，从小喜欢唱歌跳舞的杨丽坤被云南省歌舞团的胡宗林老师发现，进入省歌舞团。在省歌舞团，杨丽坤凭着扎实的舞蹈功底开始崭露头角。

1958 年，到云南挑选电影《五朵金花》演员的导演王家乙偶然发现了正在擦玻璃的杨丽坤，选中她扮演副社长金花，那时，杨丽坤 16 岁。杨丽坤主演的《五朵金花》取得了极大成功，在第二届亚非国际电影节上，杨丽坤荣获了“最佳女演员奖”的“银鹰

奖”，导演王家乙获最佳导演“银鹰奖”。

1963 年，杨丽坤再次成功地扮演了中国第一部彩色宽银幕立体声故事片《阿诗玛》的女主角阿诗玛。《阿诗玛》荣获“西班牙桑坦德第三届国际音乐舞蹈电影节最佳舞蹈片奖”。1994 年，《阿诗玛》获文华奖，被确认为“20 世纪经典”。

在两部影片中，杨丽坤把云南少数民族特有的纯真、率直和善良的个性表现得淋漓尽致，以一种淳朴天然、不加雕琢的美征服了亿万观众，在人们心中留下了难以磨灭的美好形象，成为中国影坛上一颗璀璨、耀眼的明珠。如今，“金花”成了大理一张持久不衰的名片，“阿诗玛”的美好形象更是吸引着络绎不绝的游客前往石林观光。“文化大革命”中，杨丽坤受到打击和迫害，“金花”的青春和艺术生命以及健康永远地在这场风暴中停止，但她塑造的艺术形象永远留在人民心中。在中国电影史上，没有谁能像杨丽坤一样，只演过两部电影，却在中国数亿观众的心中留下如此不可磨灭的记忆。她创造的艺术形象与云南秀美的山川湖泊、苍茫大地融为一体，深扎于人民这片沃土之中，她是人民的艺术家！

❶ 杨丽坤故居

❷ 杨丽坤

第二章
一片茶叶承载的灵魂信仰

地球上的岩石，因其质地坚硬便于留存，似乎一直肩负着镌刻并记录我们这个蓝色星球诸多秘密的隐秘使命。无论是埃及金字塔、雅典帕特农神庙、秘鲁复活节岛石像、英国巨石阵，还是中国长城、柬埔寨吴哥窟、云南沧源崖画……这些岩石都发挥着其它物体无法替代的独特作用。石头虽然不会说话，但是许多曾经存在又湮灭在历史深处的文明，却是石头告诉我们的，包括世界茶源。而世界茶源，正是经由一块石头，才从元初的蒙蔽、混沌走出并逐渐清晰、明朗起来。

一块石头镌刻的茶源密码

1978 年，云南省景谷县发现了距今约 3540 万年的宽木兰化石，在明晰勾勒出世界茶叶演变完整生物链的同时，也为一百多年来学界争论不休的茶叶发源地提供了无可辩驳的科学依据。普洱茶悠久的历史、优良的品质就此得以正本清源。

1824 年，美国军人勃鲁士少校在印度阿萨姆发现了野生茶树，据此认定茶的原产地在印度。但由于阿萨姆的野生茶树缺乏令人信服的生物链演变，印度阿萨姆到底是不是世界茶叶原产地，学者们争论了一百多年。正当争论的主流意见差不多倾向于印度阿萨姆的时候，在中国云南省普洱市景谷县芒线沉睡了几千万年的宽叶木兰化石被发现了。这一重大发现，彻底揭开了遮蒙住世界茶叶之源的层层面纱。

1978 年，中科院北京植物园研究所和南京地质古生物研究所公布了在普洱市景谷县发现的宽叶木兰化石“新种”为主题的植物群化石，在地质古生物学上被称为“第三纪景谷植物群分布区系”，距今约 3540 万年。宽叶木兰化石从而与在景东县锦屏镇文旧小组的田心、景谷县煤厂、澜沧县勐滨等地发现的时代为第三纪中新世，距今有 2500 万年的中华木兰化石、镇沅 2700 年树龄的世界野生茶

树王及117.8万亩的野生茶树群落，连同景东太忠镇大柏村丫口寨“人类栽培驯化野生茶树活标本”、澜沧邦崴1800年及景东文岔1500年过渡型古茶树、澜沧景迈山千年古茶园为代表的18.2万亩栽培型古茶园，成了世界唯一从宽叶木兰化石—中华木兰化石—野生型—过渡型—栽培型茶类植物垂直演变的完整生物链。

学术界普遍认为，到中新世中期，气候变得更加有利于被子植物繁衍，比较原始的宽叶木兰向高一级的中华木兰演变，并且遍布哀牢山以西，在北回归线附近形成中华木兰多而集中的中心地带，并且由此向四周辐射。茶树原产地必定有原始型野生大茶树，而有原始型野生大茶树的地方因为无古木兰和茶树的垂直演化系统，不一定就是茶树的原产地。茶树发展演化中有五个阶段：宽叶木兰→中华木兰→野生型→过渡型→栽培型，此五世茶祖都在普洱市内，这也充分说明云南普洱是世界茶树原产地。

毋庸置疑，云南省普洱市才是茶的故乡。

更有专家提出茶树原产地在澜沧江流域：世界茶叶如果没有中国野生古茶树、过渡型古茶树，就没有栽培型的古茶树、古茶园。从邦崴古茶树发展育成的有南糯山古茶园、景

宽叶木兰化石

迈山万亩古茶园，并传种到长江以南的四川、贵州、江苏、浙江、湖南、湖北、广西、广东等地以及印度、斯里兰卡等国。茶树原产地在中国云南，澜沧江流域沿岸一带则是世界茶树原产地的中心地带。而澜沧邦崴过渡型古茶树的发现，将宽叶木兰化石、中华木兰化石、千家寨 2700 年野生古茶树、邦崴 1800 年过渡型古茶树、景迈山万亩栽培型古茶树完整地连接起来。

2013 年 5 月 25 日，国际茶业委员会主席诺曼·凯利把“世界茶源”牌匾授予普洱市。一片叶子镌刻在石头上的世界茶源密码，经过千万年轮回，终于被破译了。

把岁月沉淀在普洱大地的古茶树

巍巍有哀牢，茫茫是无量，滚滚南流澜沧江。普洱的高山巨川，不仅孕育了众多少数民族，也密布着无数凝聚了日月精华的古茶树群落，它们为茶叶研究提供了最好的研究文本。无论是古茶树的文化底蕴，还是它们的科研价值、生态价值、观赏价值，云南普洱茶古茶树资源都是“世界级”的资源，是整个人类社会珍贵的自然遗产。

在离宽叶木兰化石出土不远的哀牢山茫茫林海中，镇沅千家寨的大叠水瀑布从百米峭崖飞流直下，声若滚雷，清冽的嘟噜河从倒地的古木下流过，山路陡直，散落在上百万亩原始森林中的古茶树比比皆是。

在举世闻名的镇沅千家寨古茶树下，有一块牌子引人驻足：“树龄 2700 年，根径 1.2 米，胸径 0.89 米，高 25.60 米……”2700 年树龄，也就是说，在公元前 7 世纪，齐桓公、晋文公、楚庄王等“春秋五霸”在中原叱咤风云的时候，这株茶树就已经破土而出，在茫茫原始森林里默默生长了。

“世界最大古茶树”的名头，千家寨古茶树当之无愧。

与哀牢山一河之隔的无量山也有千年古茶树的身影。

唐朝樊绰在其著《蛮书》中写道：“茶出银生城界诸山。”银生城即

空中鸟瞰哀牢山国家级自然保护区

现在的景东县城，哀牢山、无量山及其余脉六大茶山都是属于银生城界诸山。在景东无量山一隅，太忠镇大柏村丫口寨发现的人工栽培型大茶树，被认为是“人类栽培驯化野生茶树活标本”。据调查，景东县共有野生茶树群落28万多亩，其中栽培型古茶园近4万亩。

普洱10个县区发现古茶树的，又岂止景东一县！

宁洱县困鹿山古茶园，有1900多亩野生大茶树，有栽培型古茶树400多株，最大茶树直径70多厘米；另外一片在北部茶园山，也有几百株栽培型古茶树。这些野生古茶树间距大多一丈宽，有明显人工栽培的痕迹，其中一棵还被著名演员张国立认养。宁洱县境内的勐先乡、黎明乡、凤阳乡（今宁洱镇），均有古茶树群落。

西盟县佛殿山有野生古茶树群落28000多亩。

景谷县的古茶园以及散见各地的古茶树有5000多亩，树龄在几百年以上。

1

孟连县腊福大黑山、江城县等普洱市 10 县区都有古茶树群落。

像人类驯化动物一样，野生茶树经过人工栽培，茶性更加温和。在澜沧县景迈山，栽培型古茶树主要分布在景迈村和芒景村，两个行政村的世居民族傣族、布朗族、哈尼族、佤族在景迈山繁衍生存的历史，从有文字记载以来已有 1700 多年。两个村有人工栽培的古茶园 27990 亩，是目前发现的世界上面积最大、最古老的人工栽培茶园。

1991 年，过渡型千年古茶树在澜沧县富东乡邦崴村被发现。这株古茶树根径 1.14 米、树高 11.80 米、树幅 73.8 平方米、最低分枝高 0.70 厘米。树姿直立，分枝密，呈现了典型的乔木型大叶茶树风貌。

研究人员把从澜沧县邦崴古茶树上收集的茶花、果实和果壳，以及古树晒青毛茶样品仔细研究后，发现茶叶的厚度、叶脉、叶齿等等跟野生茶叶都不大一样。这棵古茶树的果形扁圆如肾形，果皮为绿色，有微毛，外种皮除了有胎痕外，还有一下陷的圆痕，这是野生和栽培茶都没有的。这株古茶树所含的化学成分和细胞组织结构与栽培型茶树相同，但树冠、花

柱、花粉粒、茶果皮等特征却与野生茶树接近。研究人员开始怀疑古茶树是从野生到栽培的一种过渡型，而当时茶学中对古茶树的分类只有野生型和栽培型两种，从未有过“过渡型”的记录。

1991年12月4日，普洱有关部门为古茶树召开了新闻发布会，云南电视台、中央电视台都先后做了报道。1992年，先后组织了三次国内专家考察论证会。1993年，又组织了一次规模空前的国际研讨会，参会的专家、学者来自9个国家和地区，将近200人。专家们经过考察论证，认定邦崴古茶树树龄在千年以上，是从野生型向栽培型过渡的过渡型茶树。邦崴过渡型古茶树的发现震惊了全世界，它填补了茶叶演化史上的一个重要空白，同时也是中国是世界茶叶起源地和发祥地，普洱是世界最早种茶之地的最为有力的证据。邦崴过渡型古茶树证明了茶树起源与早期驯化、利用同源的规律，是国际普遍认可的“茶树进化的活化石”。1997年4月8日，邦崴古茶树上了国家邮票。

❶ 镇沅千家寨2700年野生古茶树

❷ 邦葳1800年过渡型古茶树

晨曦

浸润在远古迷雾中的普洱茶

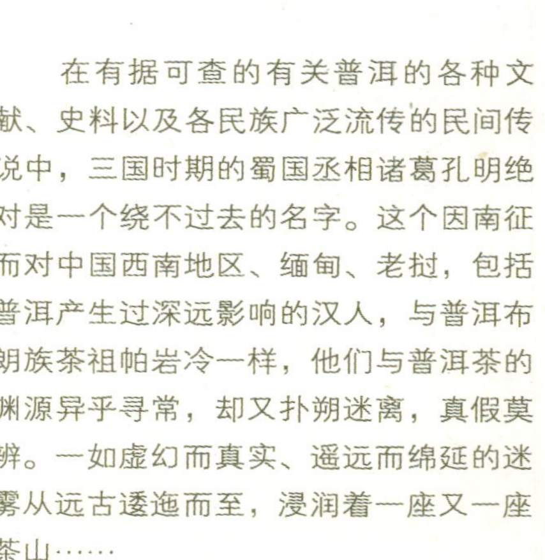

在有据可查的有关普洱的各种文献、史料以及各民族广泛流传的民间传说中，三国时期的蜀国丞相诸葛孔明绝对是一个绕不过去的名字。这个因南征而对中国西南地区、缅甸、老挝，包括普洱产生过深远影响的汉人，与普洱布朗族茶祖帕岩冷一样，他们与普洱茶的渊源异乎寻常，却又扑朔迷离，真假莫辨。一如虚幻而真实、遥远而绵延的迷雾从远古逶迤而至，浸润着一座又一座茶山……

景迈万亩古茶园的传说

这里种茶有近2000年的历史，这是一个历史与现实交融的地方，是人与自然融合的最佳典范，也是普洱茶的原生地。千百年来，不管景迈山发生过什么，自栽下第一株茶苗起，就注定这里是圣灵之地，是诞生茶文化与民族文化的地方。

景迈山是普洱茶六大茶山之一，其千年古茶的面积堪称茶山之最。

景迈山位于普洱市澜沧拉祜族自治县惠民乡，东邻西双版纳勐海县，西邻缅甸，是西双版纳、普洱与缅甸的交界处。景迈山以普洱茶盛名，古茶园占地面积达2.8万亩。

据布朗族史诗记载，布朗族的祖先最初在“农当农写”，即今昆明滇池一带生活。东汉末年，北方民族大批南迁，与百濮族群发

生争战，百濮族群被迫向西南迁移到德宏、中缅边界一带。后来，百濮首领的大儿子帕岩冷带着队伍抵抗外敌，当他归来时，他的父王已经去世，留守的子民推选帕岩冷的弟弟尼洼继承了王位。大敌当前，帕岩冷不愿兄弟相残，他带领自己的部属寻找一个可以安居乐业的地方，足迹踏遍德宏、缅甸景栋。他们就是现在布朗族的祖先。另一部属由他的弟弟尼洼带领迁徙，他们是佤族的祖先。

帕岩冷带领他的族人长途跋涉，导致疾病蔓延。帕岩冷也感染了疾病，坐在一棵树下，再也迈不开步子。看到这棵树绿油油的叶子，他伸手采下几片嫩芽咀嚼，然后昏昏沉沉地睡着了。等他醒来，觉得身子轻松了许多，病减轻了不少。他知道这是药，就让生病的族人都吃这种叶子，人们的病都渐渐好起来。为了报答这种树叶的神奇药效，帕岩冷带领族人焚香献祭、顶礼膜拜。帕岩冷要求族人把这种神奇的树移

景迈山全景

栽到住地附近，并把栽培的茶树称作“腊”，把茶园里的第一棵茶魂树称作“阿百腊”（茶魂树）。布朗族口头传唱的史诗唱道：“晚上帕岩冷带我们在‘亚戈给’（树叶盖的房屋）的灰堆里睡，白天带我们上山寻找野生茶苗，在寨旁栽起来，采来饱满的茶籽，在家旁育起了一片片茶。太阳出来又落山，月亮落山又出来，一日又一日，几经雨露滋润，小茶树开出闪闪的银花，大茶树开出闪闪的金花。”

凡是布朗族居住的地方，现在的缅甸、勐海县布朗山，帕岩冷

1 布朗族老人
2 景迈古茶林

都推广了茶树栽培，就这样，布朗族的先民种下了千万亩茶树。茶园管理严格，茶地里不准种植其它作物，茶地周围留下 40 米宽的防护林带，任何人不得砍伐，除草和采摘都有规定，林下种茶的方法一直延续下来。直到今天，景迈山的古茶园里从不套种其它农作物。

传说中，布朗族祖先帕岩冷给后代留下遗训：留下金银财宝终有用完之时，留下牛马牲畜也终有死亡时候，唯有留下茶种方可让子孙后代取之不竭、用之不尽。澜沧江流域是茶的起源地，而布朗族的祖先濮人是最早利用野生古茶和最早栽培、驯化古茶树的民族。帕岩冷也就成为有名姓可考的最早的茶人，成为布朗族的茶祖。相传西双版纳的傣族土司曾把第七个公主嫁给帕岩冷，现在景迈山芒景村还供奉着茶祖帕岩冷的庙宇和七公主亭。

布朗族祭祀茶祖要到帕岩冷山上叫茶魂，三年要剽一头牛祭祀的习俗一直延续下来，至今已经是第1708届桑康茶祖节。从桑康茶祖节的届数就可以知道布朗族种茶的历史有多古老。

1943年，布朗族人苏里亚被孟连宣抚司任命为芒景布朗族部落二号头人。1950年，苏里亚参加西南国庆观礼团上北京，把采自芒景最好的茶叶“小雀嘴尖茶”送给毛主席，表达布朗族人民对毛主席最真诚的爱戴，周总理把一套藏青色毛呢衣服送给他。回到普洱时，苏里亚参加了民族团结誓词碑宣誓并签字。2001年，在上海亚太经济合作组织论坛大会上，江泽民主席送给各国首脑的礼品中就有景迈茶。

叶丙是景迈山的采茶女，她家祖祖辈辈在景迈山的古茶园里采茶、制茶。如今，她在思茅茶源路开设了茶店，专卖自制的景迈山茶。她在采茶时节回到景迈山采茶、制茶，忙过了，又回到茶店卖茶。她知道景迈山万亩古茶园是中华民族茶文化史上的一大骄傲，是世界茶叶史上的一大奇迹，被日本茶叶专家松下智和八木洋行称为“世界茶叶历史自然博物馆”。

关于古茶树的来源，关于帕岩冷的传说，如同一盏被点亮的灯火，在她的内心深处明亮着，从未熄灭过。

孔明兴茶

孔明兴茶，无论如何考据，真伪并不重要，重要的是千百年来，不管历史怎样沿革变迁，诸葛孔明在各族人民心中的崇高形象，总是被世代普洱人民传颂着。

思茅区思江路环岛，矗立着普洱市标志性雕塑孔明像。雕像前面有一块石碑，碑文写道：“思茅历史悠久，自然与文化遗产丰富，

古茶林中的螃蟹脚

特别在茶叶方面拥有世界最古老的二千七百年树龄老茶树和万亩古茶树林，又有名誉中外的普洱茶，可谓国茶发祥地之一。传说思茅以三国时诸葛孔明南征至此思念其南阳茅庐而得名。因此周边有‘洗马河’‘洗碗池’等与孔明有关的遗迹。民间便以孔明教育当地人种茶饮茶为美谈。檀萃《滇海虞衡志》记载：‘莽枝有茶王树，较五山茶树独大，本武侯遗种，至今夷民祀之。’为了丰富思茅茶文化内涵，美化思茅市貌，提高思茅旅游观光价值，天福集团捐赠‘孔明兴茶’雕塑。雕塑表现孔明手持茶苗正在沉思如何利用茶的保健功能造福百姓，纪念当年诸葛孔明在此推广种茶饮茶，惠泽民众。”

雕塑的主题是孔明兴茶。兴，有发动、兴盛的含义，孔明推广兴盛茶叶种植，从历史年代看，孔明兴茶的时间和布朗族先民种茶的时间大体吻合，这不是偶然的。

孔明本人并未到过普洱，他主导的南中平定战役，其实

孔明兴茶像

战区基本囿于四川西昌、凉山及贵州毕节、黄南等部分地区。即使与南蛮部族代表人物孟获交战，其范围也没突破滇池以南。孟获臣服后，孔明仅派小股军队进入“不毛”之地招抚各部族。这些史实都可在《资治通鉴》《华阳国志》《汉晋春秋》确证孔明的“不在场”。

但关于孔明与普洱的传说有很多。从这些传说中，可以看出内地与边疆文化交流的背景——中华各兄弟民族都崇敬孔明，认为他是圣贤之人，是先进文化的象征。225 年，诸葛亮为了完成刘备的承诺，试图统一中国。而攘外必须安内，必须把大后方清理干净，所以兵分三路进入了云南 、贵州北部、四川南部等地区，当时称为南中三郡。这其中，并无西双版纳以及思茅等产茶区，这个是历

史实。《三国志》等史书里并无孔明跟茶有关的记载。从茶树的栽种历史来看，225年，距离现在是1790年，而普洱市镇沅县千家寨的古茶树超过了2700年，云南种茶的历史，远比孔明诞生的时间要久！应该相信，蜀人在当时种茶、制茶方面确实技高一筹，许多制茶的工艺都是从蜀国传来的。在蜀国，作为丞相，孔明也采用了大量鼓励农业的政策，包括制茶，作为在南阳耕种了多年的孔明，显然会总结一些成功的耕种方法推广，包括茶叶。这些，应该是通过蜀国人与云南土著的生意往来，交流沟通。因此，从四川传来的这些栽种或者加工技术，就打上了孔明的烙印。

传说中，孔明和普洱茶是有不解之缘的。

六大茶山开发成功后，孔明巡视六大茶山，每到一地都留下镇山之宝，少数民族把它作为神物供奉。留下锣的茶山叫攸乐，留下马镫的茶山叫革登，留下木梆的茶山叫倚邦，留下铓的茶山叫蛮枝，埋下铁砖的茶山叫蛮砖，留下撒袋的茶山叫曼撒。六大茶山千百年来造福后世，在思茅加工、销售、上贡朝廷的贡茶，主要原料都来自六大茶山。有人根据《三国志》孔明南征的时间推断，诸葛亮平定南中后三个月后才回成都。这三个月在《三国志》里没有写孔明干什么去了，他可能巡视了西南边陲一带，否则滇西南不会留下如此多的关于孔明的佳话。

清道光年间《普洱府志·古迹》如此记载：三国时，诸葛亮路过勐海南糯山，由于水土不服，许多士兵生了眼病。孔明用手杖插在石头寨的山上，不久就变为茶树，长出叶子。士兵摘叶煮水，饮之病愈，以后南糯山就叫孔明山。

又说，普洱县东南角有无影树山，山上有祭风台，山上的大茶树是武侯遗种，夷民祀之。

另有传说为云南六大茶山之一的攸乐叫孔明山。当地居民每年农历七月二十三为纪念孔明诞辰，都要举行活动——

放孔明灯，称为“茶祖会”。

在普洱，当年诸葛孔明路过的地方有孔明山，洗战马的小河称洗马河，思茅城北郊斑鸠峰下诸葛亮扎营处建有“诸葛故垒”。清乾隆三十二年（1767年）后，重建毁于兵燹的“诸葛故垒”，改称“诸葛营”，营地中建武侯祠，塑有诸葛亮及琴童、武将的雕像。诸葛亮还被尊为茶祖，每年农历六月十九日，思茅同乡会馆都要举办“茶祖会”，各茶庄茶号和各地商旅都要聚在一起，举行隆重的祭茶祖仪式，恭读祭文，演出文艺节目，以祭祀孔明兴茶的功绩。

纪襄廷：衣食万姓景谷茶

景谷是宽叶木兰化石的家乡。沧海桑田，斗转星移，那片曾经被岩石封存了的茶叶，相隔三千万年后再次被景谷茶人纪襄廷重新启封，景谷茶业由此肇始。景谷茶业的兴盛，既是纪进士忧时济民、身体力行的必然之举，更是一片茶叶穿越亘古时光回归故里的必经之路。

普洱市景谷县景谷乡塘房山纪家村西有一座墓，墓碑上刻有墓志铭：“公之为人，曾抱‘先天下之忧而忧，后天下之乐而乐’之怀抱。初不以谋一人一家之幸福为己足。曾日观景谷之山脉重重，农田稀少，每岁米谷所出，不敷食用，民生日困，盗匪充斥。怒焉，如捣而思，有以匡救之。经若干心血之研究考察，以景谷气候土质之宜于种茶也。乃向外选购种子，先于陶家园试种百株，复于塘房山试种数十万株。胼手胝足，躬亲栽植，保护培养，煞费苦心不数年而蔚然成林，可供采摘，并以所栽出者，资为观摩，广事倡导，使大众群起为普遍与大量之种植。于是景谷若干荒山，已由无用化为有用。将荒山变为茶山，以昔日穷乡僻壤之地区，一变为商贾云集之市镇。国计民生日以富裕，地方文化日以发展。公苦心倡导种茶以复国而利民之丰功伟绩，久已无人不道，有口皆碑。前云南省立第一中学教授王毓嵩书赠公一联曰：‘景谷之茶衣食万姓；庄蹻之后见公一人。’事功所在固将与景谷茶同垂不朽也。”

撰写墓志铭的人，是民国云南省教育、交通两司司长、东陆大学校长董泽。墓中安葬之人，则是清朝景谷为数不多的进士纪襄廷。

这个被王毓嵩与滇王庄蹻相提并论的进士是土生土长的景谷人：纪襄廷，名肇猷，生于清咸丰八年（1858 年），卒于民国二十六年（1937 年），景谷县景谷乡纪家村人。自幼家贫而发奋勤学，尔后考取秀才，补禀，至岁进士，并赏六品衔。

纪襄廷 14 岁丧父，一边侍奉母亲一边读书，中进士且有六品衔而不为官，一是孝顺，要“事母至孝”（曾获云南督军兼省长唐继尧“纯孝性成”匾额一方）；二是忧民，心怀匡救民生、实业济世的悲悯情怀。

纪襄廷世居景谷，目睹景谷山脉重重、农田稀少，每年

纪襄廷之墓

谷米所出不敷食用，民生日困。经研究考察，认为景谷乡气候、土质适宜种植茶叶。并向外地选购种子，先于陶家园种植数百株，又于塘房山续种数十万株，精心培植，数年后蔚然成林、可供采摘。并以栽出者资为观摩，广泛倡导，民众群起仿照而大量种植，使景谷乡大片荒野之地变为茶园，昔日穷乡僻壤变为商贾云集之地，国计民生日益富足，地方文化更加繁盛。这些历史功绩，董泽撰写的墓志铭上有详细记载。

在纪襄廷的引领和倡导下，茶叶种植在小景谷全面推广，并影响到相邻的民乐、钟山、振太等乡村，地处普洱西北一隅的小景谷街一时商贾云集，驮马往来穿梭，热闹非凡，形成了新的普洱茶集散地，并以位居进藏茶马古道要冲和更接近藏区而受到众多商贾的青睐。

清末民初，景谷一带已经是茶叶种植、推广、加工、销售的重镇，成为下关沱茶的原料基地，下关沱茶也一度被称为“景关茶”。

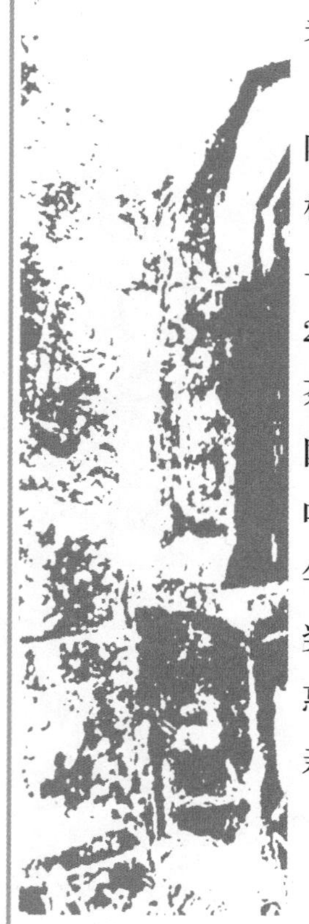

纪襄廷在小景谷创办了“恒丰源”茶庄，还在昆明设了分号。除了引种茶叶，纪襄廷还为家乡修桥铺路，如芒玉大峡谷的石拱桥、纪家村的八孔石桥。据说镇沅振太乡的难搭桥也是纪襄廷参与资助和修建的。茶叶养育了一方人民，昔日贫困的小镇有茶庄27家之多，带动了当地经济、文化、教育、交通的发展。这里的茶叶沿着茶马古道，在马蹄声中源源不断地运往四川、西藏乃至国外。史料记载，民国二十六年（1937年），小景谷街共销售茶叶550吨。茶业在当地长盛不衰，在20世纪70年代，小景谷还以年产万担茶的业绩，被云南省命名为“万担茶之乡”而受到表彰和奖励。景谷乡境内栽培型古茶树众多，茶叶品质优良，民众多有实惠。现苦竹山一带连片的百年古茶树，也是当年纪进士倡导种植并亲自示范栽培而留存下来的。

贡茶弥散的馨香

瑞贡天朝，即将最好的祥瑞之物贡奉朝廷。普洱茶作为贡茶，可谓源远流长，最早可以追溯到康熙年间。茶庄如雨后春笋般破土而出，更让思茅成了普洱茶重要的集散地。茶庄的蓬勃兴起，见证了普洱茶业的鼎盛昌隆与商贸繁荣。

瑞贡天朝普洱茶

自古以来，远离中央王朝的云南就是极边之地，而偏居云南西南一隅的普洱，更是“化外野夷之地”，近乎蛮荒。但就是这片历朝历代最偏远的土地，却以被唐朝诗人杜牧诗句誉为“茶称瑞草魁”的天赐瑞草——普洱茶，成功地把最遥远的边疆与天朝顶级的政治中枢紧密连接在一起，毫无疑问地实现了从地理到心理的华丽衔接。

历史上，普洱既是茶树原产地，也是普洱茶集散地。银生节度所辖范围包括今普洱、西双版纳、临沧及红河部分地区以及越南、老挝、缅甸的部分地区，这些地方都在澜沧江流域，都是茶叶产区。

普洱茶声名远播，除因自身特有的品种、品类和品质特征外，与其早早地就被列为贡品不无关系。樊绰撰《蛮书》云："茶出银生城界诸山，散收，无采造法，蒙舍蛮以椒、姜、桂和烹而饮之。"尽管书中并未提及普洱茶这一名称，但从所记产茶的区域、历史沿革和饮茶民族等可以推断，这就是后来被命名为普洱茶的最早的文字记载。据考证，南诏政权允许这些地方的被征服部落民族保留原来的社会经济制度，同时规定必须以当地的土特产品缴纳贡赋，茶叶便是其中之一。这种作为贡赋给南诏国王朝的茶叶也应称为"贡茶"。正是南诏王朝的统治和对茶叶的需求，使银生城成为南诏时期滇南茶叶的产地、集散地及南诏银生贡茶的中转地。

南诏的统治民族蒙舍蛮（即今白族、彝族的先民）通过银生城收取滇南澜沧江流域一带朴子蛮（即今布朗族、德昂族的先民）等民族缴纳的贡茶，并以"椒、姜、桂和烹而饮之"。在随后的各个朝代，银生贡茶都是皇室王宫的必贡品之一。

明万历年间，在进士谢肇淛时任云南右参政期间编撰的《滇略》中首次出现了"普洱茶"的名称："士庶所用，皆普茶也，蒸而成团。"其"普茶"也即"普洱茶"，制造技术已趋于紧压茶方面，并不断创新出以后的饼茶、圆茶等。普洱茶立名后以"银生贡茶"的声誉和"最能化物，与六安同"的品质功效，成为名茶。

清朝是普洱茶发展的鼎盛时期，普洱茶最终被清皇宫册封为贡茶始于清康熙年间，也是普洱贡茶的兴盛和顶峰时期。《普洱府志》中"誉享京华"和"普茶名重京师"等记述即始于这一时期。

民国二十八年（1939 年），云南贡生罗养儒著《纪我所知集》载："论云南贡茶入帝廷，是自康熙朝始。云南督抚派员支库款，采买普洱茶 5 担运送到京，供内廷作饮，至此，遂成定例，按年进贡一次。"普洱茶之所以深得帝王家青睐，在于深山老林原始大茶树的大叶种茶，在特定的区域、特定的气候地理、特定的加工贮藏和运输方式，造就了茶味特别浓厚，助消化功力强，并有治疗、保健的作用。这种茶性非常符合养尊处优的皇宫贵族们的需要。阮福在《普洱茶记》中说："普洱茶名遍天下。味最酽，京师尤重之。"

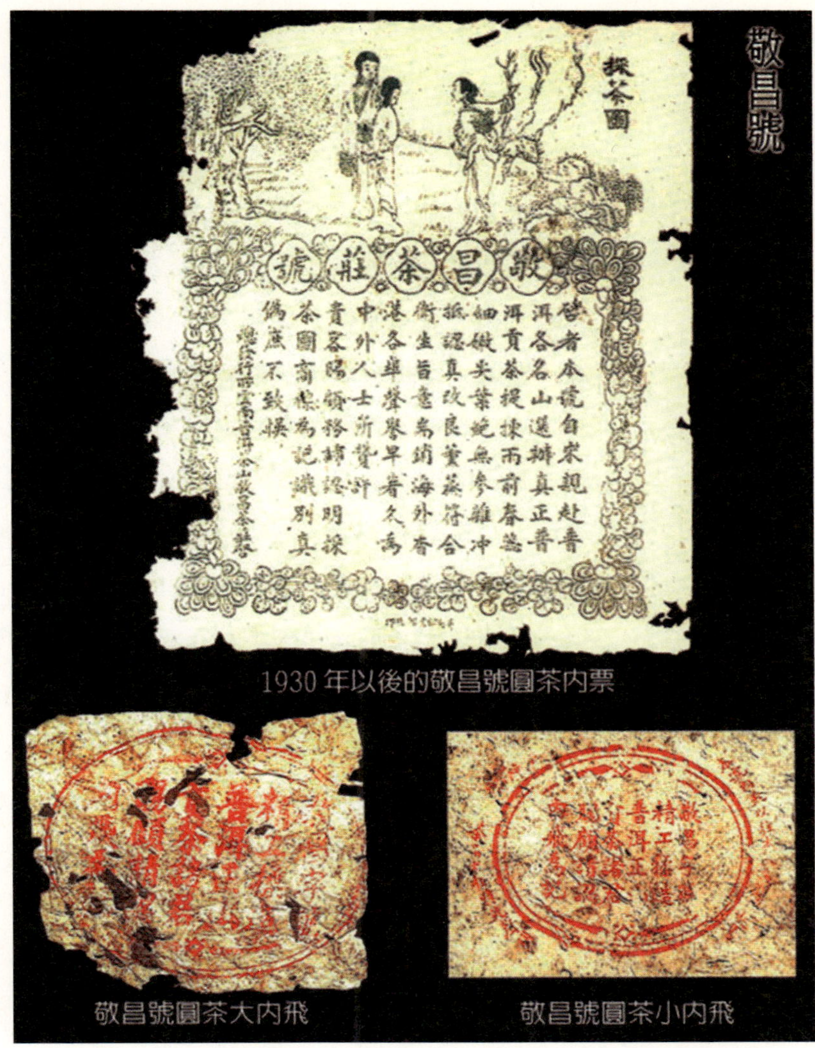

1930年以後的敬昌號圓茶內票

敬昌號圓茶大內飛

敬昌號圓茶小內飛

这也更加证实了普洱茶入贡清朝廷的史据。

有学者认为普洱贡茶始于雍正七年（1729年），即鄂尔泰出任云南总督推行“改土归流”政策和“岁进上用芽茶制”，设置普洱府控制普洱茶的购销权利，选最好的普洱茶进贡北京，以博龙颜大悦，并得到皇帝多次赐匾，至今仍有“瑞贡天朝”一块存于世。也有学者根据《普洱府志》的记载认为清朝乾隆九年（1744年）将“普洱茶”列为贡品，并规定贡茶品种为“芽茶、团茶两种”。

往事如烟，普洱茶何时被列为皇家贡茶早已无据可查。康熙60大寿时，有个镇守云南开化等处的地方副将闫光炜，此人大概酷爱普洱茶，知道普洱茶的保健功能，并且认准把这种黑乎乎的普洱茶上贡皇帝不会冒犯皇威。破天荒地用普洱茶为康熙祝寿："谨遣家人王从政，赍奉奏折，代奴才祝庆万年，并恭进：普洱茶四十圆、孔雀翅四十副、女儿茶八篓、巨胜子二袋，稍伸犬马微忱，仰祈圣恩涵纳……"康熙皇帝看后，大笔一挥：知道了。接受了进贡的普洱茶。

这，或许是普洱茶最早见诸史料的进贡记载之一。

雍正时期，云贵总督、巡抚、提督、贵州巡抚、贵州提督每年进贡，贡品以普洱茶为主。如雍正八年（1730 年）初二日云贵总督高其倬恭进：大普洱茶一百圆（饼）、中普洱茶一百圆、小普洱茶二百圆、女儿茶五百圆、芽茶二十篓、茶膏四十匣……（宫中进单第 12 号）

据《道光普洱府志》记载："思茅厅每年承办贡茶，例于藩库铜息项下支银一千两发采办，并置收茶锡瓶、缎匣、木箱等费。每年备贡者五斤重团茶、三斤重团茶、一斤重团茶、四两重团茶、一两五钱重团茶，又瓶承芽茶蕊、茶匣盛茶膏共八色。"

1744 年，从云南布政使铜息项下每年拨白银一千两，令思茅厅采办八色贡茶。

雍正年间，普洱贡茶的年入贡量达五千余斤。

乾隆当朝，臣工进贡日趋制度化，贡期约定每年万寿贡、端阳贡、年贡是常例，迎銮贡、陛见贡、传办贡、木兰贡大量出现。云贵总督、云南巡抚、贵州巡抚进献土贡 53 项，其中普洱茶占 32 项。

这么多普洱茶，皇室当然喝不完。中国第一历史档案馆研究员卢经介绍："据我们查证，普洱茶是从未被退回进贡的。六十年代整理库房时，普洱茶留下得最多，龙井绿茶都已经成灰，只有普洱茶依然完好，有的还没有开封。所以，据我们看，普洱茶是进贡最早、进贡时间最长、进贡的量最大的（贡茶），现在宫廷里留下最多的也是普洱茶。"在故宫收藏室，其它贡茶都已经成了齑粉，只剩普洱茶成了能喝的古董。

宁洱县困鹿山古茶园，80 多岁的李姓老人说，这片古茶园是

清朝末年中过文贡的李铭仁家种的，过去每年都派人来采去做贡茶。贡茶传承人李兴昌也听母亲说过，以前采贡茶普洱府还要派兵监守督制。困鹿山古茶园因此也被称为皇家茶园。

茶庄往事

茶庄不是茶铺或茶馆。茶铺有固定门面零售茶叶，茶馆主营茶水，而茶庄是自己制作、营销，拥有自己商标的茶叶生产、销售企业。茶事兴盛，总能衍生出琳琅满目的茶号和茶庄，在普洱众多的茶庄背后，依稀可见的是茶庄的兴衰往事。

清雍正七年（1729 年），思茅通判开设思茅总茶店，茶叶归官府收售。雍正十三年

❶ 老普洱

❷ 贡茶纪念园

（1735 年）设思茅厅，将攸乐同知移往思茅，改为思茅同知，呈送朝廷的普洱贡茶由思茅同知采办。

光绪年间，思茅城区加工茶叶较有名的是同仁利、恒盛公、泰裕丰、信和仁等几家茶号，每户年产量少的四五百担，多的高达千余担，加工出口的有圆茶、方茶等。1914 年，普洱道署由宁洱进驻思茅，思茅城区有制茶商号 22 家，年制茶万担左右。《续云南通志长编》记载有雷永丰、元庆、复聚、新春、宝森、永兴、三泰、庆春等茶号。20 世纪二三十年代，思茅揉制茶叶出售的茶庄、茶号有：雷永丰、裕兴祥、鼎春利、恒和元、庆盛元、大吉祥、谦益祥、瑞丰号、钧义祥、复和圆、恒太祥、大有庆、利华茶庄等 22 个。

普洱茶

在思茅设经销门市的有倚邦恒盛公商号、乾利贞商号、勐海洪盛祥商号、同信公商号等。在易武倚邦制茶的钧义祥茶庄总发行所在地为今思茅区珠市街。光绪年间便从事对西藏茶叶贸易的恒盛公茶号，专门加工揉制销往西藏的紧茶，设在勐海的茶厂一年产茶两万包左右。

这些茶庄、商号由制茶师傅把毛茶分为“春尖”“谷花”“细黑”“老黄叶”四个等级，再用各等级毛茶掺配揉制成紧茶、砖茶，专销藏族地区；圆茶专销内外各地，不经揉制的春尖、谷花两种散状生茶，运往昆明代销的茶庄再精选，分别加入茉莉、菊花等，再销往各地，为一等茶。思茅钧义祥茶庄专制包装精美的普洱茶。

20 世纪二三十年代思茅的茶庄第一品牌首推雷永丰茶号，它是加工贡茶的茶号之一，茶叶原料主要来自易武倚邦曼松山。雷永丰茶号创建人雷逢春，1895 年从石屏迁入思茅设立雷永丰分号，三年后将总号移至思茅，在昆明、北京、广州及泰国设立分号。产品销往本省各地及北京、广东、西藏、内蒙古等地，并远销泰国、法国、英国。雷永丰老圆茶以其“茶色琥珀而透，味醇厚而顺，回甘长而芳”之特性，被誉为“普洱茶皇”。雷氏茶庄经营门道多，在昆明正义路设有“杨复济”商号，主营茶叶，雷氏茶庄年销量千担。

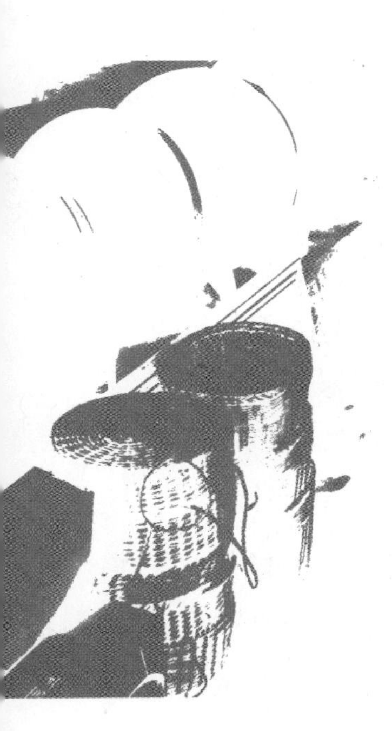

1912 年，景谷纪家村人纪襄廷、纪仁寿在景谷街创办恒丰源茶庄。1919 年在昆明南正街设立分号，销售普洱茶。沱茶发明后，景谷也参照下关的做法，生产沱茶，景谷沱茶（亦名景沱），与下关沱茶（又叫关沱）工艺、用料均有区别。关沱每筒五枚，景沱每筒四枚。同是上等茶，关沱比景沱用料高一个级别，汤色也不同。恒丰源经营的茶叶应该是以散茶为主、景沱为辅。至 1948 年，景谷共有茶庄三十多家。

敬昌号出现比较晚，它是河西（今通海）马家的大商号

（原信昌的墨江分号源馨茶厂）的商标。源馨茶厂压制圆茶大约始于 1941 年，主要揉制江城、易武的茶叶。敬昌号圆茶主销中国香港、泰国，它的黄金时代是 1945—1946 年，依仗总号丰厚的资金基础，在抗战时期低价大量收购各号加工好的圆茶，全部销往香港，获利丰厚。抗战后期，江城的茶叶或撂荒，或被砍伐，抗战胜利后所剩无几。此时，敬昌号更多地采购易武茶压制圆茶。他们的收购活动持续到 20 世纪 50 年代才结束，总号原信昌一直经营到公私合营时期。

鼎春利茶庄创办于 1931 年，庄主何璞生，是思茅茶商中业务量最大的茶庄，有驮马十一匹，驮牛二十把（两百头）。鼎盛时期在 1940 年以前，年生产普洱茶两千驮，收入半开八万元。有制茶工人上百名，生产七饼圆茶、七子紧茶、元宝茶、沱茶，产品销往西藏、江浙等省区，泰国、缅甸、老挝等国，直到 1948 年歇业。鼎春利茶庄是思茅众多茶庄中，歇业时间最晚的普洱茶庄。

太平洋战争爆发后，思茅茶业急剧衰退，茶庄商号逐渐歇业。

普洱茶园交响乐

中华普洱茶博览苑建在距市区 29 公里的营盘山上。以万亩生态茶园为建设背景，青山环绕丘陵相拥，景色秀丽，是茶海中的一颗璀璨明珠。整个景区从普洱茶起源演化、发展嬗变、种植生产、民族渊源、加工包装、历史文化、收藏营销、烹制品鉴等不同角度，立体化地展现了有关普洱茶的内容，是普洱茶的大观世界。

站在茶祖殿上放眼万亩茶园，绿浪磅礴，四周的山峦绿意弥漫，远近都是绿玉般的茶垄。绿是普洱大地的原色和灵魂，绿是普洱茶的希望和骄傲，普洱人民就是这幅美景的描绘者。

普洱市百万亩茶园中的有机茶无污染、纯天然，是镶嵌在普洱茶乡这顶皇冠上闪烁异彩的明珠。生态、绿色、有机是整个世界的食品诉求，目的就是为了健康。在普洱市，有机茶被越来越多的人

生态茶园

认识，许多有远见卓识的企业家转变经营理念，开始种植有机生态茶。

普洱茶界的航空母舰——云南龙生茶业股份有限公司的龙生绿茶系列产品，多年来茶园管理坚持走绿色、生态、有机之路，严把肥料、农药施用关，同时注重加强茶园生态环境改善及保护。公司将所属三万多亩茶园全部纳入有机茶园标准管理，到目前为止已有九千多亩获得有机茶园认证，其余茶园正在转换建设中。公司在倚象镇大草地的700亩茶园，十年前转换成有机茶管理，不再施农药、化肥，改为施用有机肥，产品经过国家有机茶认证。南岛河近两千亩老茶园也开始转换成有机茶管理，已经收购的勐腊县易武千亩茶山，属野放型茶园。

种植有机茶规模较大的有云南普洱市原生茶业有限公司在思茅区倚象镇的基地，位于倚象镇坝子思江公路左侧，茶园连着蓝天白云，潺潺流水从野象山下曲折流淌。茶园按有机茶种植标准管理，经过国家有机茶认证。2008 年通过国际有机茶认证（瑞士 IMO 认证），年生产原生牌绿茶上百吨、普洱茶 500 吨。

南屏镇整碗村老董寨是靠有机茶叶致富的村寨，也是规模较大的有机茶生产基地。老董寨位于整碗坝子南山下，这里的有机茶园按欧盟专家要求种香樟、木姜、沉香、肉桂树驱除虫害；灯台树、紫薇、樱桃树、山杜樱、竹柏、水冬瓜、山玉兰树用于美化、绿化茶山。种类繁多的树木营造出生物多样性环境。

普洱祖祥高山茶园有限公司的有机茶茶味醇正，喝着放心，从种植到采摘都不用农药化肥，无污染，原生态，生产和监测都严格把关。每年 9 月，法国、德国专家都来画图，采集鲜叶制成成品，采集空气、土壤、水样本化验。有机茶经过国家 QS 认证和有机茶认证，最过硬的是经过日本、美国、欧盟有机茶认证。公司承包荒山种植了 2000 亩标准有机茶，走上了“公司 + 基地 + 合作社 + 农户”的路子。

云南柏联普洱茶庄园有限公司是现代茶园，拥有 11000 亩古茶园，6120 亩已开采，在澜沧县景迈山开发了世界上第一个普洱茶庄园，对六千多亩茶园进行了科学改造，鼓励茶农施用发酵的农家肥和欧盟有机认证的有机肥，并恢复种植香樟、野樱花等景迈山乡土树种，改善庄园生态环境，最终通过欧盟有机食品认证。

生产环保、无公害绿色食品，种植生产有机茶是人们生活的需要。生态立市、绿色发展是大趋势，是普洱茶叶走向全国、走向世界的一条生态环保之路。能让农民致富，能让更多人喝到生态有机茶是普洱茶人的最大心愿。

普洱：以茶命名的城市

一座以茶为名的城市，总绕不开茶史、茶经、茶事、茶话等这些话语环境。“形而上者谓为道”，大道无形。普洱可清心养性，可品可赏，可高泡可收藏，可把玩可文化，可精致小雅，可荡气回肠。一片茶，两壶水，三五人，完全能达到茶里乾坤大、水中日月长的境界。普洱，是一种文化、一种品位、一种生活方式、一种能喝的古董。

祭祀茶祖

中国人向来有追根溯源的传统。如何回到源头、回到开始，回到我们的根，无论是东西方还是古今中外，都是一个重大的哲学命题。在云南普洱，这个问题靠祭祀解决。“祭祀”通常为敬神、求安和祭拜祖先。原始时代，人们认为人的灵魂可以离开躯体而存在。“祭”便是这种灵魂观念的派生物。通过祭祀活动，普洱各族人民不仅回到了生命源头，也用这种方式向神灵和祖先致敬。

普洱大地最先被本地土著认同、公推的茶祖，依旧是那个以前后《出师表》名重天下的诸葛孔明。

普洱土著不尊神农、陆羽为“茶祖”，只敬奉来自蜀地的孔明，原因并不复杂。孔明南征大军所带来的影响与震

绿海茶城

撼，相较文化落后、生产力水平极其低下的滇西南濮人而言，远远超过刻在竹简木牍上的一堆符号。何况，他们对中原农耕文明及汉文化的认知，还是通过这些蜀国军队才有所接触。孔明带来的武功文略，连同强悍的文化影响，才是这支南征军队所向披靡的关键所在！而七擒七纵益州郡部族大姓孟获，孔明“攻心为上”的策略，更是让南人心服口服：“公，天威也，南人不复反矣。”

建兴三年（225 年）春，南中大乱，蜀相孔明请缨征剿，“五月渡泸，深入不毛”。戡乱途中，蜀军进至桃花江畔渡口，因触江水瘴气，众军士纷纷中毒晕倒。危急时刻，幸得当地濮人相助，送姜茶汤解毒，含茶于口避瘴气，得以渡江，再破蛮兵。七擒七纵，孟获始服，南中终定。孔明深谙茶叶神效，即命采购茶子数十驮，随军南进，深入后方，所到之处观山水、察民情、扶民心，传农耕技术，赠茶子诸礼，深受欢迎，并倡导各族团结，发展生

布朗族祭茶魂

产，广植茶园，共谋生计。为兴汉室，孔明派得力将士到滇西南采集茶叶，以备军需、商贸之用。从而促进了滇西南茶叶种植面积的扩大。因此，现在的许多地名就源于孔明的这段典故，譬如攸乐、蛮枝、蛮砖、倚邦、革登、曼撒等。此后，支南各部落为感孔明恩德，每年都以“象齿矩狗、丹漆茶蜜纳贡”。

孔明南征对南方极边部族影响巨大，使一直靠狩猎采集、刀耕火种为生的少数民族走向定居的农业社会：“渐去山林，徙居平地，建城邑，务农桑。”

古往今来，历史变迁，孔明鼓励少数民族开山种茶的故事广为颂扬，并被尊为普洱茶祖。每年农历六月十九日，各茶庄、茶号和各地商旅相聚思茅，以隆重的仪式祭祀孔明兴茶的功绩。

思茅成为普洱茶的集散地后，来思茅经商做茶叶生意的省内外商客逐渐增多，祭祀茶祖孔明，祈求茶祖保佑茶叶生意兴旺发达，便成了茶商们约定俗成的活动。

思茅茶号举行茶祖会的时间为每年的农历六月十九，地点多在石屏会馆。馆内供奉着陆羽挂像，用一猪一羊及各种贡品三牲九礼，供茶斋祭，读祭文。会期三至五天，茶号老板、茶叶经销商、揉茶师傅、茶工等参与其中。每天早晚由会长、提调带领与会者三跪九叩，虔诚祭拜。正会日操办讲究宴席，招待四方宾客。白天祭祀，晚上唱戏。会长由茶号老板轮流担任，提调由经销商和揉茶师傅担任。经费由与会者自愿交具功德，不足部分会长承担百分之六十，五个提调承担百分之四十。

祭茶祖活动有时在川主庙举行。活动内容之一为演奏洞经音乐，音乐有十贡，即香贡、花贡、灯贡、水贡、果贡、茶贡等，其中茶贡词牌名《挂草堤》。在悠扬的古乐声中，歌词清妙旷远："茶供养，茶供养，金蕊绽先春，渺渺达天真。苑本希豺獭，圣哲下凤麟，冥阳灾祸天，存殁戳洋傲。在会持经者，逍遥上太清。元始天王降吉祥，惟愿慈悲泽近坊。今辰合会增福寿，茶供养，消灾延寿大法王。"洞经音乐不仅仅弹奏茶贡曲，其余香贡、花贡等十贡都要一一演奏。

作为普洱茶祖，孔明并不孤独。传说中最早利用野生古茶和最早栽培、驯化古茶树的布朗族祖先帕岩冷，也是澜沧江流域声名日隆的另一尊茶祖。

帕岩冷仙逝之后，灵魂化作景迈山的一片古茶林，继续守护着他的族人。日久天长，普洱茶支撑着布朗族生活的方方面面，成为布朗族生活中重要的组成部分。因为心怀感恩，每年的四月，景迈山的布朗族都会举行一次盛大的茶祖节，借祭茶祖，呼唤茶魂，表达对祖先的怀念和崇敬，祈求风调雨顺。

在祭茶祖之前，景迈山下的各个村寨都会先打扫卫生，包括寨子和个人卫生。打扫完毕，即杀猪宰牛，准备酒肉以招待来宾。一切准备就绪，布朗族男女老少穿戴好民族服装，前往帕岩冷寺庙和古茶山举行祭拜茶魂仪式。布朗人始终坚信，茶魂具有神的灵性，招茶魂、祭茶祖可以保佑新的一年幸福平安、茶叶丰收。

祭祀之前，老人们先在供桌上放上芭蕉叶，然后放上糯米饭、糌粑、茶叶等，这是敬奉给先人吃的。仪式一般由村寨头人或是德高望重的老人主持，朗诵经文，村民点燃手中的蜂蜡，双手合十，虔诚祭拜。然后，主持人带领大家三呼茶魂，声震山野，场面壮观，令人肃然起敬。

在通往祭拜现场的道路上，热情好客的布朗人都会在道路两边载歌载舞，夹道欢迎远道而来的宾客们。祭茶祖诵经礼拜过后，布朗人会跳起欢快的象脚鼓舞，铿锵有力的鼓点和绵长浑厚的锣声，伴随着欢快的布朗山歌，整个茶山热闹非凡。

对布朗族来说，祭茶祖不仅仅是民族的盛事，还是文化的传承，根之所系、魂之所在的宝贵遗产。

2005 年 4 月 28 日，在第七届中国普洱茶叶节、首届全球普洱嘉年华会、云南省首届普洱茶交易会上，首次举行了庄严、隆重的祭祀茶祖仪式。祭祀程序参照布朗族的祭祀形式，祭茶祖词概括了茶的历史、人们对茶祖的赞颂和感恩："遥遥第三纪，茫茫环寰间，天地显神灵，造化大自然，沿沧江两岸，绣绿洲一片。情独钟普洱，春暖冬不寒；扶草木娇翠，冰川不忍残；精华聚乐土，成世界茶源。先祖百濮人，顺乾坤之道，纳万木精气，植万顷茶园；兴用茶之俗，立百饮之冠。天地人合一，尊为茶先祖，灵光普天照，功德浩无边。茶字九笔画，玄机墨中藏，人在草木中，契合成方圆。草木青人悦，草木柔人善，草木枯人衰，草木盛人旺。国粹茶文化，源远数千年，涓流润百川，子孙代代传。创普洱名品，香宫廷民间，踏八方古道，飘五洲四洋。世事人为本，

人性尚自然，万众崇茶祖，八方礼茶王。年年献歌舞，岁岁香火燃，活水润灵根，生机万年长。祈国泰民安，求百业兴旺，期吉祥如意，望福禄安康。啊——色！”

依照布朗族用七条山溪水敬献茶祖的模式，彝族群众敬献无量山泉水，献三牲，行傩舞；傣族群众敬威远江水，赕佛架，行白象舞；拉祜族群众敬澜沧江水，献甘蔗、粑粑，唱颂歌；哈尼族群众敬哀牢山涧水，献芭蕉树，唱赞歌；佤族群众敬勐梭龙潭圣水，献牛头，行牛尾巴舞，然后社会各界名茶企业代表依次敬献圣水。

此后的历届普洱茶叶节，祭祀茶祖，便成为不可或缺的重要展示形式。

普洱祭茶祖，一端维系着以儒家文化为底蕴的内地汉文明，一端维系着以南传上座部佛教为主的少数民族文化，在彰显、传递各自文化内涵的同时，也让两种文化交相辉映，让过去与现在、历史与现实水乳交融，活色生香。

召　唤

雅俗相宜话普洱

在普洱，时光总是闲适而缓慢的，那些规模、档次、经营方式等不尽相同的林林总总的茶店、茶铺，乃至茶楼酒肆、堂馆会所、私人庭院，总有好茶之人聚在一起品茶论道、谈古论今。伴随他们话题的，往往便是或清或醇，或浓或淡的一壶普洱香茗。无疑，这是中国茶城独有的一道氤氲风景。

在爱茶、懂茶、善饮茶的人士看来，普洱茶是用来品的。

品茶要先看外形、条索、色泽、净度。从饼茶外形的条索看是否肥壮，边芽是否完整、端正；从净度看是否统一，要显豪干净、卫生。茶的内质开汤审品时才能知晓，需从香气、滋味、色泽、口感四个方面品味。生熟茶香气不一样，清饼一般有花香、蜜香、兰香，烘过的普洱茶有板栗香，古树茶突出色泽，生茶汤黄或者稍带黄。滋味有苦涩、清爽或醇厚，回甘快或慢。最后看叶底，嫩度好不好，有无弹性，是否花杂；熟茶、茶饼的边缘要厚薄均匀，松紧适度。内质，好的汤色呈栗红或板栗色。香气为沉香、花香，35 年以上的茶有当归药味，而古树茶十年以上就有药味。滋味以无怪异味、滑润、无苦涩为佳。叶底梗少，嫩度高，无花杂，有弹性。

普洱茶冲泡讲究“茶好、水好、火好、器好”的“四合其美”。烧水也有说法，一沸为“蟹眼”，二沸为“鱼眼”，三沸为“腾波鼓浪”。泡茶之水，以“蟹眼已过鱼眼生”时最佳。

据说普洱茶因收藏期的不同会产生不同的果香、樟香，百年之内越陈越香。有些人一闻、一看、一吮就能知道茶叶是何年、何山、何树的茶。整个品饮过程，还必须察看茶渣的叶质及入水后色泽的变化。

产自澜沧县的邦崴古茶口感好，香气淡雅，回甘快，生津，饱满真实，杯底留香。冲泡时能漾出香气，到唇边为唇香，喝后用鼻子呼出叫内香，再就是杯底留香，第二天还能闻到。景迈山则出茶膏，古茶熬制，熬茶膏要时时搅动，火不能猛，熬煳了就不能用了。昔日马帮出门远足，怕水土不服生病，就带上茶膏，到了一地，取当地的新土来加水搅和，用澄清后的水冲泡茶膏吃下，可解水土不服、祛病。

品鉴普洱茶，雅致者如余秋雨描述："一种，是三分甘草、三分沉香、二分当归、二分冬枣用文火熬了半个时辰后在一箭之遥闻到的药香。闻到的人，正在磬钹声中轻轻诵经。" 如果达不到余先生的意境，也可默念"饮熟茶、品老茶、藏生茶"三字经，饮熟茶以清凉解渴；品老茶色、香、味，慢慢领悟普洱茶的时间、文化、人生价值，品味"清、敬、和、爱"的茶德；藏生茶重在观赏，随着收藏时间的推移，渐次观赏茶色由青变黄、由黄变褐的自然发酵过程，也不失为一种茶趣。

较之于文人雅士般慢条斯理的品赏，反复玩味，普洱人对茶的态度，更多是持了一份平常、自在的态度与立场。普洱怎么品？不知道。无非就是喝茶、吃茶。喝茶是无师自通的，抓一把茶叶放进一个大搪瓷口缸里，直接冲开水泡起，痛快，解渴！保温杯也不错，茶叶放到杯口，喝一整天，不用换茶，只需不停续水，简单，省事！乡村逢年过节，杀猪宰羊，客人多了，挨个上茶，实在忙不过来，干脆煨几大茶壶开水，每壶捧一拢茶叶进去。客人们酒喝干喝醉，那壶始终在添水的茶，仍浓酽无比。

比起喝茶，普洱人吃茶，还要生猛些。在景迈山，布朗人上山做活，吃饭时随手采下茶叶嫩尖，拌盐和辣椒当菜吃，叫吃"得责"。人们劳作时喜欢把他们的祖先帕岩冷茶叫"腊"的茶含在口中，能满口生津、消除疲劳。布朗族还腌酸茶，酸茶主要用于祭祀、上贡，也可以当菜吃。做法是把新茶叶蒸熟，晾干水汽后放入竹筒压紧封口，竹筒在土中埋几个月，甚至几年。吃时取出，拌盐和辣椒吃。布朗族也有茶叶蛋，不同于茶叶浸渍的茶叶蛋，是茶叶炒鸡蛋，类似西红柿炒鸡蛋。布朗族喜欢喝烤茶，喝茶时用茶罐在炭火上烘烤，冲入开水熬茶，熬出的茶汁浓、味苦，喝了解乏、提神。布朗族不但可以用竹筒煮饭，还可以用竹筒烧茶。

普洱佤族的饮茶方式也独特。一是铁板烧茶，把烤茶和煮茶分开，一边用茶罐烧水，一边用一块铁板烤茶。茶叶在铁板上烤香、烤黄，放入沸腾的茶罐中煮一会，倒出便可饮用。其味苦，焦香回甘；二是古老的擂茶。擂钵常用木头制作，类似药铺里捣药的药臼，摇动木槌擂细茶叶，加入姜、盐，在陶罐里煮后饮，饮用方式正是“蒙舍蛮以椒、姜、桂和烹而饮之”。

今天的彝族饮茶习惯，多已简化至一杯开水、一撮茶。但仍有人保留着独特的彝族饮茶习俗，如烤罐茶和盐巴茶。烤罐茶的做法与布朗族、佤族的大同小异。盐巴茶比烤罐茶多了一味——盐。当茶水烧至沸腾，用线拴住一坨盐疙瘩吊进茶水，估计盐味合适就提出盐，以免太咸且铺张。至于在茶水中加入酥油、麻子酱、蛋清、花生仁、芝麻末、盐等香料搅拌均匀喝的油茶，已不多见，但

仍有一些人偶尔为之。

拉祜族吃茶直奔主题，比较贴切的做法，应该是烧茶。将小枝茶叶连枝带叶折下，在火上烤黄，投入茶罐直接煮饮。拉祜族还有一种与普洱其他民族风格迥异的吃茶法，即喝糟茶。把采来的嫩茶叶加水煮至半熟，过滤去水，放入竹筒存放，饮用时取出少

拉祜烤茶

许煮饮。

竹筒香茶颇受傣族喜爱。一种做法是将鲜茶采用铁锅杀青、揉捻，然后放进青嫩竹筒，在火上烘烤；另一种是将经过杀青、揉捻、晒干的春茶放在甑子里蒸，甑子底部放糯米，上面盖一层纱布，纱布上再放茶叶。蒸十五分钟左右后将茶取出，随即装入新竹筒，一边装一边用木棍捣紧，直到装满，用甜竹叶塞紧竹筒口，然后放在三脚架上烘烤，不时翻动竹筒，竹筒烤焦时就可取下。破开竹筒，筒状茶香气馥郁。

总之，都是吃茶。

普洱茶，必须是用来享受的生活

与其说普洱市选择了普洱作为一市之名，不如说，这片得天独厚的土地，3500万年前就注定了她已经是世界茶的源头。而这座因茶而名、以茶而兴的城市，无处不散发着厚重的茶文化气息与浓郁的文化韵味。

普洱植被丰茂，山清水秀，世代生活在这青山绿水中的两百多万各族人民，他们勤劳智慧、纯朴善良，在历史发展的长河中，不但创造了绚丽多彩的民族民间优秀传统文化和浓郁的民风民俗，也创造了丰富浩瀚的物质财富，普洱茶就是众多的物质和精神财富代表。

普洱茶以其独有的云南大叶茶为原料，

它独特的加工工艺和显著的保健效果扬名于世，享誉国内外。普洱是茶树的发源地。普洱聚居的14个世居民族都在用各自不同的方式酷爱着、品饮着普洱的茶。普洱人家中那永不熄灭的火塘边，驿道马帮歇脚的篝火旁，山涧清澈的清泉畔，无不飘荡着普洱特有的茶香。在普洱，茶已不再是一种单一的饮品，长期与茶共生共荣的普洱人赋予了茶太多的文化内涵。

思茅在哪里？以前，这是每个出门在外的思茅人经常遇到的提问，特别是到了省外，这个问题更是经常遇到。答案是多种多样的，最多的一个版本是"在西双版纳的旁边"，这样的回答尽管通俗易懂，但总是有些尴尬。城市定位的模糊，曾让思茅人倍感焦虑，"边城、绿海明珠、林中之城"等称号都曾提出过，然而，这些或空泛或平淡的提法并没使思茅出名。

2003年5月，凭着良好的自然资源、悠久的普洱茶历史、发展迅速的茶产业，中国茶叶界的权威——中国茶叶流通协会把思茅命名为"中国茶城"。这是继铁观音的产地福建安溪被命名为"中国茶都"后，全国第二个定位以茶叶、茶文化发展为主题的城市。"中国茶城"的命名，让普洱找到了自信、认准了方向、看到了希望，也因此而成为茶文化的圣地。

现在，无论是从哪一个路口进入普洱市，入城路口以"中国茶城"为主题的巨大宣传牌都非常引人注目。城市建设、旅游开发、经济发展、人民生活的方方面面，无不渗透着浓浓的茶文化，就连大街小巷的街道名也多以茶命名，随处可见的茶室、茶楼，无不飘着一股浓浓的茶香。难怪普洱人说："以茶兴茶，茶兴则城兴，城荣则茶旺。"

一款好普洱茶，必须经过好的鲜叶、毛料，好的工艺杀青、揉捻。环环相扣才会造就普洱茶纯正的口感。而这一切除了人为因素外，还有就是漫长时间的自然陈化。时间又是最忠实的，浮华过后，一切都会变得清澈。普洱茶有别于其他茶，或说它最迷人、亮丽之处是经漫长岁月后陈化所得的茶品。原生态古树茶是先决条

普洱茶制作——鲜叶摊晾

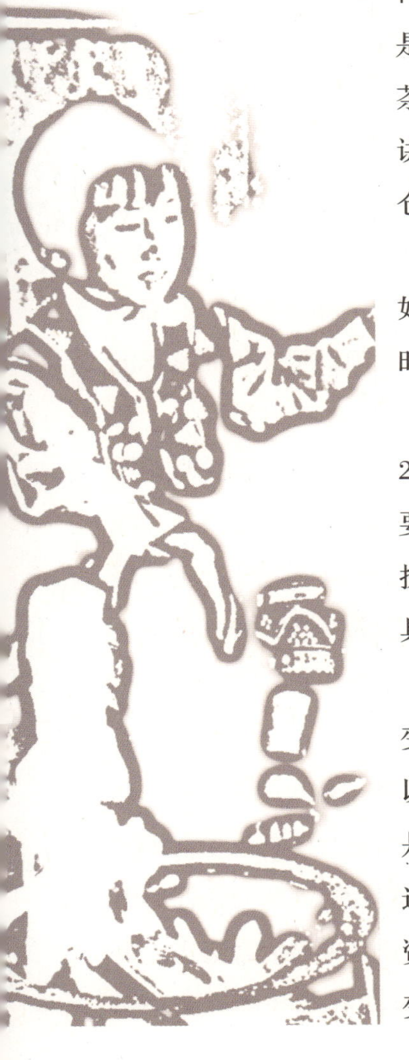

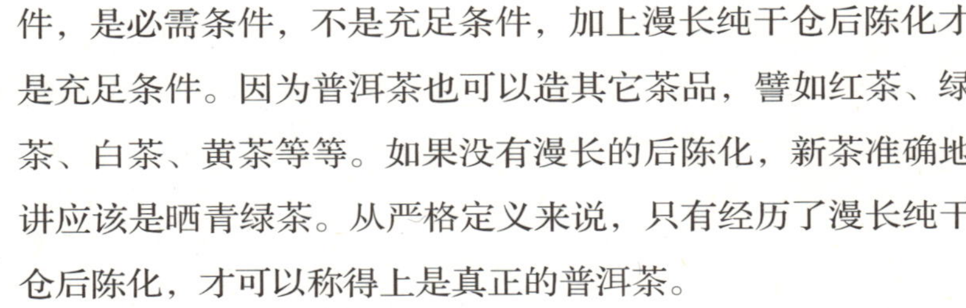

件，是必需条件，不是充足条件，加上漫长纯干仓后陈化才是充足条件。因为普洱茶也可以造其它茶品，譬如红茶、绿茶、白茶、黄茶等等。如果没有漫长的后陈化，新茶准确地讲应该是晒青绿茶。从严格定义来说，只有经历了漫长纯干仓后陈化，才可以称得上是真正的普洱茶。

茶还是茶，普洱无论如何变身，但最终还是用来喝的，好喝才是好，这是永远改变不了的。所以，它终究要还原。时间将会证明这一点。

很多茶友都关心普洱茶到底要放多少年？ 5 年？ 10 年？ 20 年？ 30 年？……其实，具体说多长时间都是不准确的，要因茶而异，因仓储、包装条件而异。更何况普洱茶还是在探索期。以目前的实践和认知，真的还没有人说得出普洱茶具体应该放多少年。

看茶人邓时海先生所写的书，说到，有些号级茶，开始变淡，茶质弱化，应该把它密封起来，阻止其继续陈化。可以得出这样的一个结论，普洱茶放到茶质刚开始变弱，就是它的顶峰。邓时海先生当时所说的号级茶已近百年，但近百年时间的具体仓储和包装没有人亲证，也没有详细的资料。因为，仓储的条件和包装的情况，是很影响茶品的变化的。况且这些所谓的号级茶，凤毛麟角，天价，也不足为百姓喜闻乐见。如所品试过的86沱、88青，每年品试，茶品都在不断上升，还远远没到成熟期。也就是生茶放30年还不到成熟期。普洱茶的事业真的很漫长。试想人生能有几个30年，又有谁能亲身经历一个由开始存放到上百年的茶呢？

熟茶，若你以为它没变化，其实不是的。一两年跟五年的完全不一样，五年跟十年也不一样，十年跟二十年更不一样。人生在变化，普洱茶在变化。花开到最灿烂时，就开始凋谢。普洱茶应该也是这样。花开是一时的，普洱茶陈化是长期的。我们颇难享受到它最灿烂的时候。但我们可以享受它变化的过程，选择好的茶底，用好的仓储。

好的茶底，新茶都好喝，但一定不是最好的。我们只能说，放下去会更好喝，但不知放到什么时候最好。好的茶底可以由新欣赏到老，和我们一起慢慢变老。

因此，对于每一个普洱茶世界里的人，都应该学会享受普洱茶。

当有人对咖啡爱不释手，经常对拿铁、卡布奇诺等拗口的名称乐此不疲时，普洱人手里捧着的，是一杯历经千百年文化底蕴积淀的茶。

不管是普洱茶浓醇、甘爽的口感，还是它历经岁月沉淀后的厚重，这些都成为世人对普洱茶越来越爱的必然理由。在普洱茶滋味万千的世界里，享受每一道、每一泡茶所给予不同味觉的冲击，用心体会每一款茶不同时期的各种变化。在宁静的早晨，静静地泡上一杯普洱茶，闻一闻它的清香，就会发现岁月是如此静好，每一次的品味都是一次旅行，满怀美好。

100年前的普洱老茶今天是否能喝？滋味、汤色究竟如何？在“百年贡茶回归普洱”活动期间举行的专家论坛上，茶叶专家们初步解开了这个谜团。论坛上，国家茶叶质量监督检验中心主任、中华全国供销合作总社杭州茶叶研究院名誉院长骆少君，云南农业大学教授、云南普洱茶研究院院长邵宛芳，云南省茶叶协会副秘书

长、国家高级评茶师张勤民畅谈了审评陈年金瓜茶的体会，回答了很多人关心的普洱茶话题。

北京茶叶总公司曾经邀请专家对该公司的金瓜茶、千两茶、饼茶等老茶进行了审评。据该公司老职工回忆，金瓜茶原珍藏于北京故宫内廷，1964年由故宫转出，应该有百年左右的历史。参与审评的专家介绍，金瓜茶表面光滑，色泽红褐，原料细嫩，能够看到很多芽头。从外观上看，金瓜茶做工精细，原料为大叶种晒青茶。在审评中，采用花茶和绿茶的品评冲泡方法，用标准审评，未经洗茶，经三分钟沏泡，连续泡了三泡，汤色红艳明亮，表现稳定。第四泡时，汤色稍微偏淡，茶叶内含物质丰富，茶质优秀，陈香明显，滋味陈韵明显，有一定的浓醇度，并不是淡而无味，叶底光泽度好，柔软细嫩。专家们由此认为，百年左右的普洱茶仍然保持了优秀品质，而且具有非常高的品饮价值，是不可多得的普洱茶珍品。

品茶可养性，而且修生。普洱茶具有六大功效，即降脂、防癌、养胃、健齿、杀菌、养颜。在茶文化盛行的今天，普洱的收藏价值也被更多的人关注。随着普洱茶被越来越多的人了解、接受，品鉴普洱茶成为一种健康、时尚、高雅的生活方式。

享受普洱茶，应该学会享受普洱茶的口感与滋味，享受它带来的精神上的放松，享受它带来的灵魂上的洗礼。享受普洱茶，更要学会在享受普洱茶美妙的同时，学会升华自己。不论生活有多不如意、人生给我们多少磨难，都应该学会微笑，而普洱茶应该是我们留给自己的最后一份安慰。享受普洱茶，享受自己所经历的一切，不以物喜，不以己悲，其实一切都可以看开。

第三章
一块绿洲奏响的生命乐章

德国哲学家黑格尔说过：存在即合理。于普洱而言，它的存在不仅合理，而且迷人。普洱，被誉为“东方多瑙河”的澜沧江和南卡河、李仙江流淌着边地风情，破译着民族文化的神秘，浇灌着崭新的文明。普洱，与越南、老挝、缅甸山脉同川、江河同源，具有一市连三国、一江通五邻的独特区位，486 公里的国境线，把它包裹成一颗绿海明珠，光芒徐徐弥散开去，便成为中国面向南亚、东南亚开放的前沿地带。当前，随着国家首个绿色经济试验示范区落户普洱，不仅可为转变经济发展方式探索路径，为我国生态优良地区生态文明引领方向，而且有利于边疆地区群众脱贫致富和守土固边，有利于增强我国地区影响力。锦绣河山由此被赋予一种与时俱进的创造力，向世人勾勒出一幅栩栩如生的画卷。

春天永存的传奇

普洱，钟灵毓秀，地大物博。这是一片留得住梦想的绿洲，茂密的森林，足以让动植物繁衍生息。一年中，春天从年初来了之后就没有再走，而是周而复始，年复一年地轮回着。可以说，在地球上，再也找不出第二个像普洱一样拥有永恒的春天的地方了。得天独厚的地域风貌，造就了它的美丽与神奇。因此，说它是“伊甸园”或者“天堂的世界、世界的天堂”，自有这样说的道理。

传说中的伊甸园很美，或许更多是基于亚当和夏娃偷吃了禁果、创造了人类而言的。这种美不仅体现在亚当和夏娃对它的陌生和好奇，还受他们异性相吸、相互碰撞作用力的影响。它的美是实实在在的，没有经过任何的粉饰和雕琢。遗憾地说，普洱是未被亚当和夏娃发现的“伊甸园”。如果当时被发现了，关于伊甸园的传说也许会美得更加极致。

普洱是冰川时期遗留的杰作，在景谷县境内发现的距今 3540 万年的宽叶木兰化石，就是一种极具说服力的实物证据。放眼普洱，喀斯特地貌沟壑纵横，大大小小的湖泊星星点点，令人不能不感叹大自然的鬼斧神工。它是一颗镶嵌在祖国西南边陲的绿海明珠，高达 68.7% 的森林覆盖率，向人们透露出生态优越、资源丰富的信息。事实胜于雄辩，境内分布着 16 个自然保护区、林地面积居全省第一、保存着全国近 1/3 的物种等客观存在，足以让它戴上

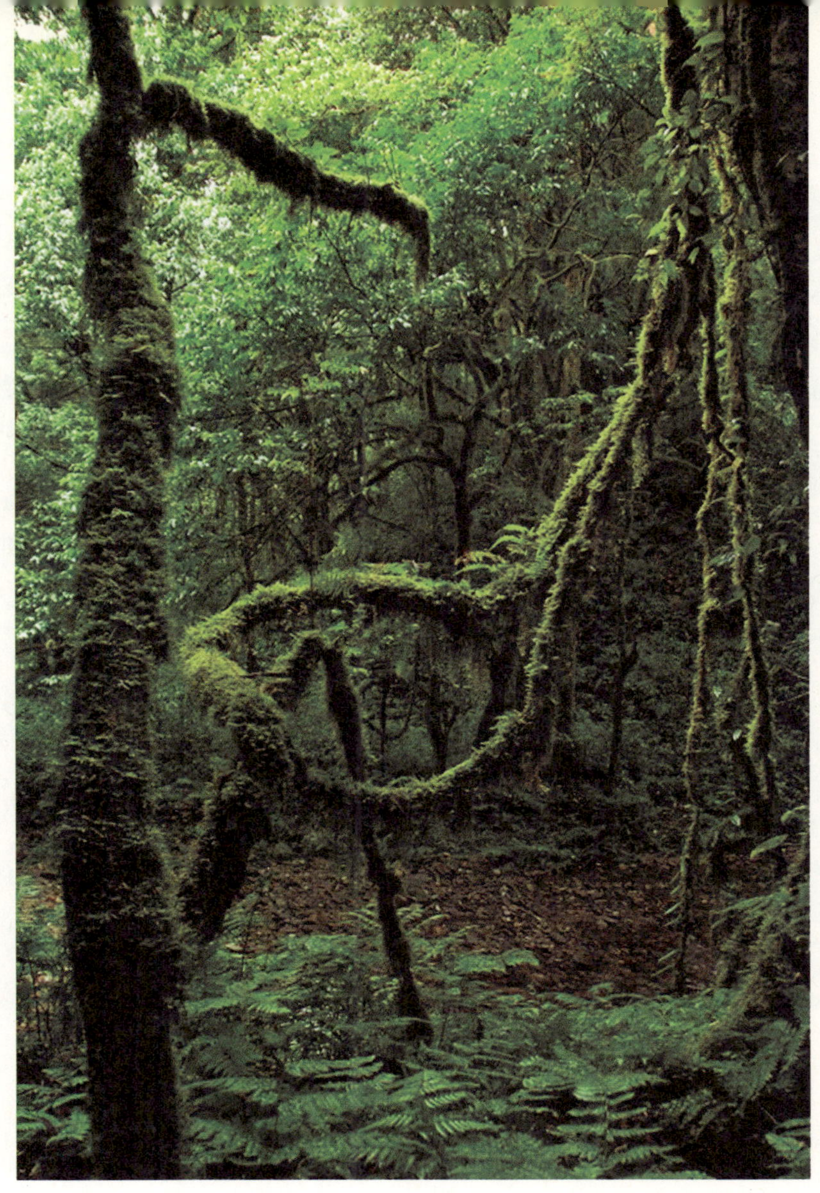

藤萝——哀牢山

“动植物王国”“云南核心药库”以及全国生物多样性最丰富的地区之一等桂冠。

但凡到过普洱的人，都有一种切身感受，那就是普洱是春城中的“春城”。这里冬无严寒、夏无酷暑、四季如春、气候宜人。除此之外，它的优越性还表现在：每立方厘米空气含 7000 多个负氧离子，全年环境空气优级天数达 250 多天，是名副其实的天然氧吧。温暖湿润的气候使普洱“万紫千红花不谢，冬暖夏凉四时春”，是地球上最适宜人类居住的地区之一，被联合国环境署称为“天堂的世界、世界的天堂”。

为何普洱四季如春，年均气温保持在 18℃？这是因为穿

晨曲——澜沧野鸭湖

境而过的北回归线和北高南低的中海拔地势，拦住了西伯利亚寒流南侵，迎来孟加拉湾暖流在此滞留。懂气象学的人都知道，一般海拔每上升 100 米，气温即降低 0.6℃左右，而普洱平均海拔约为 2000 米，这就是冬暖夏凉的主要原因。此外，由于普洱位于北回归线附近，太阳高度角年变化小，因而终年温暖。冬天，青藏高原挡住了南侵的寒潮，使普洱很少受寒潮影响。即使偶有南下的强寒潮翻过秦岭，越过四川盆地入侵云南，也因为云南海拔高，寒潮在爬高过程中，不断减弱，成了强弩之末，因而维持时间短。另外，冬季普洱多数地方，受西方子暖气团控制，多晴朗天气，即使早晚稍冷，太阳一出来，又暖融融的，这是冬暖的另一个原因。普洱还是云南降水较集中的地区之一，决定降雨量的季风来自孟加拉湾，叫孟湾季风或印度洋季风，这是一股带有大量水汽的气流，因而普

洱特别适宜植物生长，物产极为丰富。

伊甸园是传说，亚当和夏娃也是传说。若想寻找伊甸园般的乐园，不妨来普洱。

图腾，像烙印铭刻

纵古观今，中国人有着很强的家园意识。从此地到彼地，人们都循着一以贯之的抵达路线，然后又返回故地，这就是寻根中的根脉牵连。在普洱大地上，民族众多，民风淳朴，每个民族都有自己系统的图腾文化，这些图腾文化并非“高大上”的说教，而是被人们具体化到日常生活中，成为民族标志的烙印，绽放出异质芬芳。

肺叶——哀牢山

古往今来，生活在普洱的各族群众，终生与自然为伴，他们熟悉每一座山的脉络、每一株植物的特点，甚至对各种动物的习性了如指掌。在长期的人与自然繁衍生息中，他们懂得靠山吃山、靠水吃水、靠林吃林的道理，故而明白敬畏自然的重要性。也许，他们早期已尝试过大肆毁林开荒，对动植物疯狂掠夺招致的恶果，因此才有了对林地、水源的自觉保护意识，这种经过实践后积累的生活经验，久而久之便形成一种独特的文化现象。它由人们对自然的敬畏和膜拜，递进到人与自然和谐统一、共生共融，造就了生物多样性、系统的生态链，并衍生出许多与动植物有关的图腾文化。随着时间的推移，有些民族和部落曾有过的图腾崇拜逐渐变化，而有些一直保留至今。如哈尼族图腾，大多以各种动物为造型，形态万千，生动形象。图腾，不仅具有民族象征意义，还表达了对大自然的崇拜之情。取之于自然，敬之于自然，这是感恩，某种程度上反映了一个民族的精神内涵。

图腾崇拜的起因、发展、形式，衍生出一系列民俗文化，反映在各民族的生产生活、衣食住行中。如哈尼族在起源上有与虎、鹰、蛇等动物相关的神话传说，具有很强的叙事性，时至今日，从男女戴的包头到上衣、裤裙，再到绣花鞋，或是日用品和作为民族工艺品外卖的小饰品上，都绣有各式各样的动物图腾文案。在拉祜族地区，民间广泛流传着葫芦孕育人种和人类源自葫芦的传说，至今仍将葫芦视为吉祥、神圣之物，喜将葫芦子缝在小孩的衣领或帕子上，而妇女服装及围巾、包头上也多有彩线绣制的葫芦和葫芦花图案。这是因为，拉祜族认为身上有了这些东西，魔鬼便无法近身，孩子便能健康成长，妇女便能终年平安。于佤族而言，木鼓是他们心中的通天神器，它源于母系社会对祖先的图腾崇拜。过去，每个佤族村寨都建有木鼓房，供奉着木鼓。千百年来，敲响木鼓，群山震荡，可以与祖先和神灵通话，可以驱凶避邪、祈求村寨平安，可以召集和激励部族成员抵御外来侵犯。如今，随着社会进步，木鼓已成为佤族节日庆典中必不可少的乐器和道具 。而彝族呢，自称猎虎民族，他们认为虎是其祖先，在危难时刻会保佑他们，人死后，经火葬，灵魂会还原为虎。有俗语说人死一只虎，虎死一只花，有生之日，则要披虎皮、显虎威。从耍虎舞到崇虎、敬虎，从虎历虎星占到绘虎、绣虎，服饰工艺，无处不在的虎文化，可谓丰富多彩、数不胜数。

图腾崇拜无处不在，源于各民族祖先对大自然的神秘无法探知，只有通过各种神话故事来解说，慢慢地就变成一种精神信仰和宗教信仰。从许许多多的图腾上，足以触摸到每个民族的脉络，这是一种珍贵的标志、烙印、特质，沿着它，可以抵达民族的根部。

有一种异质芬芳，叫竜林

在普洱，竜林的存在是一种独特的文化现象，它是村寨发展的精神支柱和民族团结的纽带，具有深厚的文化内涵。这一现象赋予保护森林、水源、自然生态环境、田园和家园以及传承弘扬民风民俗新的内涵，具有广泛的群众性，对促进村寨生产发展、村民积极向上、追求丰收和安康幸福，建立和谐家园等方面都有不可低估的作用和意义。

漫长的历史长河，总是一步一个脚印。一路走来，在长

期的人与自然从斗争到共处中，人类驯化了自然，而自然同样也驯化了人类。实践证明，无论是人与人、国与国，还是人与自然，敌视是没有意义的，唯有和睦相处才会迎来艳阳天。早期普洱有很多山区，用古老的刀耕火种方法，是不得已而为之。因为科技决定了生产方式，但如果以此为毁林开荒寻找借口，就大错特错了，伴之而来的，肯定是干旱、泥石流、山体滑坡等惩罚。因此，最好的选择还是遵循自然法则，彼此尊重。或许，普洱地区的各族群众早已接受了这个事实。故而很早以前，就自觉地在寨边或者水源所在地，有意识地保留成片树林，称作竜林，不仅不能砍伐，除了祭祀时，平常不能随便进入。这种竜林现象，其实就是一种用宗教的对神秘力量敬畏的理由支持着自然生态，维持着某一个区域内的生态平衡。因为竜林的存在，很多村寨多年来一直山清水秀、人畜兴旺。

另外在民间，还存在一些共同遵守的关于山林的习俗，砍柴时只砍杂木树，因为这种树砍了还会再长，松树、木荷等用材树则不能砍。民间谚语说：砍柴莫砍小活松，二天长大有大用，哪日你家盖房子，还要上山去求它。同样的，会结果子和独立成地标的树不能砍，能做药材的树也要保护，甚至在打竹笋时，一般只打歪笋，留着正笋长竹子。这些习俗，说到底就是一种让青山常在的资源永续利用的民间保护方式，是一种特有的文化现象。

当然，各村寨在竜林的神树选择上，一般选枝叶茂盛、生命力强的万年青树、灯塔树、锥栗树为竜神树，它象征本村人和人们所需一切生物发展兴旺。神树四周，都有数十亩以上葱绿的杂木林围绕，犹如卫士守土。或许村民早就知道用其他办法行不通，所以才通过神化竜林神树的方式，有效地保住水源、山林。

哈尼族祭竜

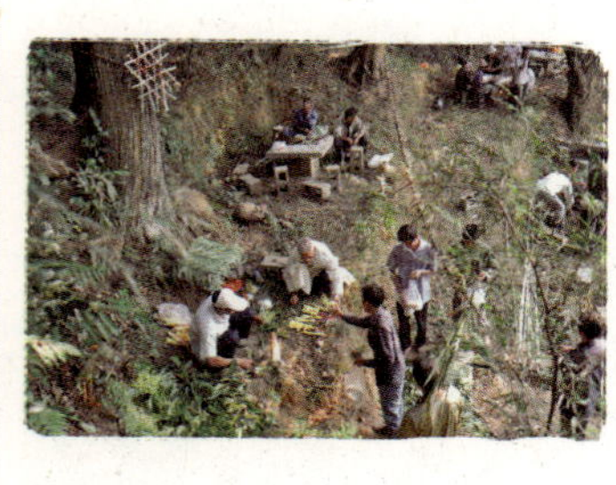

走进哈尼山寨，在层叠的土掌房、蘑菇房和青灰瓦

房背后的山上，总有一大片古木丛林，那就是他们图腾祭祀、祈祷人畜平安的神圣之地——竜林。哈尼族有要建寨先立竜神的传统。其迁徙史诗《哈尼阿培聪坡坡》中这样记述：按照惹罗的规矩，哈尼把寨子来兴建；定居的基础是寨子的父母，它从遥远的惹罗普楚搬来；占卜的贝壳是神灵的嘴，会告诉哈尼天神的意愿，最直、最粗的树被选作神树，它荫庇哈尼子孙的繁荣。

祭竜，意在祭祀寨神和竜树，祈求灭灾降福、人畜兴旺，祈求风调雨顺、五谷丰登，祭竜日选在每年农历三月的第一个属龙日。在哈尼族居住地不论寨子大小，都要选出一位德高望重的男性长者为竜头，全权负责组织祭竜活动。有竜树的林子叫竜山（林），林中一草一木都不许乱动，更不许砍伐，每次祭竜都要在这片树林中举行。

在哈尼族村寨，每到农历三、四月或十一、十二月间，都要举行祭竜活动。居住在墨江联珠、龙坝、雅邑等乡镇的豪尼人，每年一到春暖花开的时节，都要举行祭竜活动，而这个带有浓郁民族传统活动的地点就在寨子后面树林里的大榕树下。祭竜这一天是寨子里最热闹的日子，早晨，全寨老幼从寨头到寨尾，从竜林到寨中广场，从广场到每家每户的道路都打扫得干干净净，人们穿上传统服饰，浓浓的节日气氛弥漫开来。

祭祀活动以属龙日前三天开始，最盛大的祭祀活动在第三天（即属龙日）进行。在竜林进行的祭祀竜神活动，女人和外人不得参加，一般由竜头带领男人们杀鸡、煮稀饭、倒酒、倒茶，对竜树进行祭祀。女人们则在家煮糯米饭和鸡蛋，糯米饭和鸡蛋都要用山上采来的染饭花（一种当地植物）染上红、黄、蓝等颜色。心灵手巧的哈尼妇女还用竹篾、毛线、布条等编织出漂亮的兜篮，里面装上一个染红的鸡蛋挂在身上，每个到山寨做客的人也不例外，胸前挂的红鸡蛋越多，表示越受欢迎。下午主要进行祭竜林活动，全村男女老少和外人皆可参与。参加祭竜的人家，每户都有自己的祭品：一把香、一撮茶、一壶酒，红、黄、白糯米饭各一团，饭上面或装一个红鸡蛋，或插一束花，所有祭品均摆在竜树前面。活动结束后，人们再一起享用祭祀食物。席间饮酒、唱歌，大块吃肉，大口喝酒。最后，再把剩余的肉按参加户数平分。在此期间，各户或个人都可跪在竜树前祈求赐福，有的祈求在外的亲人平安，有的祈求全家健康……大家唱唱跳跳，舞姿时而奔放、时而优雅、时而自由、时而神秘，有群跳、对跳、独舞……

除了哈尼族，傣族、拉祜族、彝族、佤族等各民族都以不同的方式敬畏竜林和自然。比如，傣族人在建寨之前必须先植树造林，以林中的大榕树作为竜树，竜树周围的森林被视为竜林，竜林覆盖的山坡叫竜山。他们认为“竜”能免除疾病、瘟疫，预防自然灾害，有竜林环绕的村寨，能健康长寿、衣食无忧。“竜”中长年流淌的清泉，是他们从事稻作生产的首选。他们把“竜”的萌发荣枯视为春夏秋冬的气象信息，从而进行农事并制作自己的农历。正是因为傣族的森林崇拜，使得傣族村寨附近古木参天、苍藤掩蔽、绿荫弥漫。

在普洱，竜林现象的长期存在，可以说是一种融进泥土芬芳的朴素环保行为。它是一种润物细无声的坚守，一路走来，各民族用千秋万代的坚守，不断夯实精神支柱，增进民族团结。从竜林现象不难看出，各民族对森林的虔诚及其保护的认真程度，这一全民爱护森林、保护生态、美化环境与自然和谐相处的良好风尚，释放出一种古朴的天人合一的生态理念。

一种相守，足以盛放前世今生

普洱的和谐是宏大的，也是极致的。这种和谐不仅在于人与人的和睦相处，人与自然、动植物的共融共生，还在于树林与土地、河水与河床、神灵与村寨、白云与天空的相守。这种生生不息的相守，环环相扣，形成一个发展链，使普洱大地焕发出生机与活力。

在普洱，森林资源的保护和利用，无论是在政府层面，还是对老百姓而言，都是一个经常要面对又无法回避的问题。不开发，经济无法发展，捧着金饭碗讨饭；过度开发，又会伤害下金蛋的母鸡。20世纪80年代之后，普洱林产工业迅速崛起，从最早的手工加工木材、小锅熬炼松香，发展到现代木材采运加工、林产化工、林纸浆等门类齐全、品种众多，具有一定规模的林产工业体系。这些体系为普洱经济发展带来巨大动力的同时，也

为林业资源的保护带来严峻挑战。加上这些年来普洱城市的拓展、各种公路的修筑、水库的建设等，无疑加重了在这个问题上的危机感。家园和竜林的存在，在一定程度上缓解了这种危机感带来的焦虑。一天天，一年年，从它们的坚守上，我们看到了醒来的自然生态。

是的，这里的每个民族，与生俱来都与青山绿水为伴，与动植物和谐共处，而竜林现象的存在使这一切得到良性循环。一座山、一片竜林、一条河、一个鸡鸣狗吠的村寨，就这样随日月更迭轮回，这难道不是一生的相守吗？不，除了一生，还盛放着祖祖辈辈的步履，以及那悠远的来世。在这样的村寨里，一条狗老了，会被它的延续者唤醒；当两个相爱的人老去，春心会被亲情取代，而子孙们又以同样的方式延续爱情、亲情、梦想。

一直相信，沉默是一片爱意、一种坚毅、一种超然。也一直相信，相拥于某棵树下或某条小溪旁，吹响叶片、葫芦丝、竖笛，弹起三弦，敲响象脚鼓，跳起嘎光舞、芦笙舞、

镇沅千家寨

三踩脚，即使没有月光，真情的流水也会穿越一切世俗的沟壑流入彼此心田，永不枯竭。是的，这里盛放着他们的传说，盛放着他们的童年、青春、生死。“竹篱茅屋趁溪斜，春入山村处处花。”苏东坡笔下的诗意景致，描绘的就是他们祖先代代沿袭的生活环境，也是他们美好记忆传承的精神家园。感谢竜林，感谢一切关于动植物、山川河流的图腾崇拜，感谢各民族的祖先，让他们敬畏自然、躬耕田园。是的，村寨以它们的方式守着一座山、一片林，而人们再以他们的方式守着一片竜林。无论是人、竜林、村寨都默认和习惯了这样的存在，这份存在谱写着普洱大地的风物奇迹，谱写着各民族的风雨、前世和今生。竜林是古老的，存在是古老的，而人却在一代代的离去中延续了生命。人与自然、竜林，到最后谁也离不开谁，这是相守的永恒。

江城湿地公园

动植物繁衍生息的天堂

云岭余脉是不折不扣的守望者，从被景东川河分隔为东西两大分支那天起，普洱的山系就开始了以哀牢山、无量山为统领的历史，由此衍生出哀牢山、无量山、太阳河等16个自然保护区，开启了动植物繁衍生息的王国。这是一个趣味横生的世界，5600多种高等植物、800多种野生动物怀着对生命的虔诚和眷恋，和谐共处，经营着各自的群落。

每一株植物都是诗意的存在

神奇的普洱雨林，生长着许多国家一级、二级重点保护珍稀植物和古生代孑遗植物。若要观赏一棵棵植物的生长、高度、姿势、背影，最好的去处莫过于哀牢山、无量山深处，在那里，你会看到许多无法命名的植物。正因为如此，你才会感叹它们的神奇和对植物世界的知之甚少。

沿着雨林往前走，不难发现红豆杉、伯乐树、长蕊木兰、中华桫椤、多花含笑、马蹄荷、苏铁蕨、水青树、云南榧、山桂花、红椿、红锥、尖叶原壳桂、百克木、千果榄仁等国家一级、二级重点保护珍稀植物的身影。如果见到“见血封喉”的桑科常绿乔木箭毒木，千万别去招惹它，那可是奇毒无比的。

❶ 甜蜜迷

❷ “蝶恋花”

❸ 林下奇观

❹ 黄草岭蜂蜜

❺ 我在茶花中

“清清河水流不完，鲜花开满山；重重青山望不断，马帮行路难。”这是电影《山间铃响马帮来》的插曲，尽管马帮和行路难已成为过去，但歌词依然是普洱绿色大地的真实写照。在这块土地上，山永远那么绿，山花一年四季都在开放，春天自然不用说，就连冬天也会有漫山遍野的樱花开放，在清晨浓雾中显露出红云一样的浓艳，实在美不胜收。

这些山花中最美的要数杜鹃花，而杜鹃花中最美的，则一定是被称为“花中魁星”的大王杜鹃了。赏杜鹃花，最好的去处是哀牢山和无量山自然保护区。两者都是国家级自然保护区，只是哀牢山自然保护区地域更广，南北长 102 公里，东西宽 5 公里，总面积 71.5 万亩，活立木总蓄积量 640 万立方米。地理上连接了普洱的景东、镇沅两县，以及楚雄州的双柏、玉溪市的新平等县。它以壳斗科、山茶科、木兰科、樟科为优势树种组成原始森林，是中国目前保存面积最大、受干扰最少的中亚热带典型常绿阔叶林，也称中山湿性常绿阔叶林，近 1500 种高等植物、800 多种野生动物构成了完整而稳定的生态系统。

无量山自然保护区南北长 50 公里，东西宽 7 公里，面积 35.03 万亩，活立木总蓄积量 277.7 万立方米。主要有壳斗科、山茶科、樟科、木兰科树种，亦有思茅松、云南松、云南铁杉等松科树种，有罕见的小片大王杜鹃纯林，有属于国家重点保护的水青木、长蕊木兰、红花木兰、思茅玉兰、景东翅子树、顶果木、林生芒果、干果榄仁、红椿、大王杜鹃、云南榧树等。其它珍贵树种还有中华桫椤、多花含笑、福贵玉兰、云南红豆杉、长梗润楠等。景东翅子树是无量山特有树种，目前仅存零星几棵。

哀牢山、无量山国家级自然保护区不仅有保护种源、调节气候、涵养水源、维护环境等重要作用，而且在植物学、生态学、森林学和环境科学方面都具有十分重要的意义。

杜鹃花开放的季节，很多人会结伴出行，观赏杜鹃花。有人选择镇沅县的大雪锅山，有人选择地处无量山的景东徐家坝。杜鹃花五彩缤纷，浅红的、紫红的、红中带白的、白中带红的，和传说中杜鹃啼血的故事很接近。在哀牢山最引人注目的杜鹃应当数那些洁白如玉的大白杜鹃了，有幸看到它盛开的人，都有一种不忍离去的感觉。面对它，心中一下子顿悟出什么是洁白、什么是纯净。而徐家坝杜鹃湖的大王杜鹃，抬头望去风姿绰约，开在高十多米、粗0.2—0.3米的乔木上，仿佛万顷绿波中燃烧着的彩霞，腾跃着的火烧云团，不时散发出阵阵清香，沁人心脾。杜鹃花确实美，难怪白居易曾这样写道："闲折两枝持在手，细看不似人间有。花中此物是西施，芙蓉芍药皆嫫母。"

说起徐家坝，这里海拔2450米左右，茂密的森林里阳光几乎落不下地，高大的植物上附生着密密麻麻的寄生植物，中国科学院专门在此设有研究点。当然，在这片保护区里需要提及的不仅仅是

大树杜鹃

❶劳　作
❷野生菌

红杜鹃，这个地方物种丰富，令人难以统计，其性质之原始、面积之广大、保存之完好、人为干扰之少实属罕见，仅在中北部一带，不包括地衣、苔藓，就有维管束植物 207 科 720 属 1482 种。

前面说到的哀牢山和无量山自然保护区地理上连在一起，用林业术语来说则是两种不同的类型。前者是亚热带常绿阔叶林生态系统，后者则属于南亚热带山地森林垂直景观。而威远江自然保护区则是为了保护思茅松原始林和种源而专设

的保护区，另一个太阳河自然保护区又和它有所不同，在这里保留着中国面积最大、最完整的南亚热带季风常绿阔叶林。具体地说，它们的植被类型又可分为热带季节性雨林、落叶季雨林、季风常绿阔叶林、落叶阔叶林、暖热性常绿针叶林及次生灌木林等，区域内植物种类极多，有 1700 多种。这是普洱自然保护区的共性，足以证明普洱境内森林的茂密和多姿多彩。

自然保护区的存在，对物种多样性格局和维持机制的研究、森林生态系统的动态规律、受损生态系统修复机制和技术探索，有着不可替代的作用。著名科学家吴征镒院士就这样认为，哀牢山自然保护区的物种，是冰川时期的孑留，将来人类要到别的星球去，还需要这里的研究成果。由此可见普洱生态系统的重要地位。当然，还有人幽默地说过，村寨旁边保护着的那些水源林、竜林，也应称为村寨级自然保护区，这虽是玩笑话，但也说明了普洱政府和民间对自然生态的敬畏。

❶ 根

❷ 一剪梅

❶ 好大一条面瓜鱼

❷ “觅”

妙趣横生的动物世界

普洱的动物种类众多，不然，怎么会有“动物王国”的美誉呢？在普洱的动物世界里，黑冠长臂猿、野生亚洲象、独角犀牛等无一不让人们为之关注与翘盼，它们是“动物王国”中的尊者与贵客。在古诗词、楹联、书画、文件……甚至具有现代文明标志的邮票上，都有它们鲜活的身影。

无量山和哀牢山像两兄弟一样隔着川河遥遥相望。这两个森林生态系统维持着极为丰富的野生动物种类，其中不乏珍稀种类，甚至未认识的新物种。目前，在两栖动物中已发

现多个新种。比如哀牢蟾、景东齿蟾；啮齿动物中也发现了景东树鼠、猪尾鼠景东亚种等多个新种。相比哀牢山自然保护区，无量山自然保护区山势要更陡峭、险峻。这个保护区，由于气候和森林类型复杂，为鸟兽栖息、繁衍提供了良好场所，有黑冠长臂猿、蜂猴、虎、豹、金猫、大灵猫、小灵猫、水鹿、麝、斑羚、鸳鸯、红腹角雉、绿孔雀等国家级保护野生珍稀动物 36 种。鸟类资源十分丰富，有 271 种，占全国鸟类的 23.6%、全省鸟类的 35.2%，素有画眉之乡的美称。但若说起佼佼者，无论是当地山民，还是科学

❶❷ 和谐家园
❸ 蓦然回首

工作者，首屈一指会给你介绍的肯定是被誉为森林中杂技演员的黑冠长臂猿。它们是国家一级保护动物，头上长有一缕黑色毛发，就像戴上一顶黑帽子，因此得名。全球现存1000多只，有500只就生活在无量山自然保护区里，是目前研究最少、最特殊的一个种群，其价值可想而知。

尽管人类活动缩小了黑冠长臂猿的活动范围，但它们毕竟与当地山民相安无事度过了几千年的时光，甚至在还允许打猎的年代，山民们也没有把黑冠长臂猿列为自己的猎物，这个现象其实也应该作为一种文化现象研究一番。在一个名叫大寨子的地方，至今每天早上都可以听到几群黑冠长臂猿在各自的领地里啼鸣，声震数里，回荡山谷。

李白的诗："两岸猿声啼不住，轻舟已过万重山。"还有《水经注》中的记载："巴东三峡巫峡长，猿鸣三声泪沾裳。"不知道诗人当年听到的猿声是否和今天黑冠长臂猿的啸鸣一样。不过，多次听过黑冠长臂猿叫声的人都说，它们的啼鸣声听上去是欢快的，而且高亢、嘹亮，没有古代诗歌中描述的那样悲凉。但不管怎样，到了现在，恐怕只有无量山自然保护区可以在清晨聆听到其长啸和啼鸣声。看四面黛色山野，

1 和谐家园

2 盼

听着仿佛来自远古的争鸣，自然就融入了多少的文化内涵，只能靠各人自己去领悟了。

沿着丛林往前走，不难发现很多珍稀动物的身影。如果运气好的话，还能见到亚洲象、金钱豹、黑熊、蟒蛇等危险动物。当然，很多动物都是友好的。别号绯胸鹦鹉的珍贵鸟类鹦哥，常在林间欢呼雀跃，象征着幸福吉祥。在拉祜族传说中，鹦哥是天神厄莎派来教他们唱歌跳舞的。有着斑犀鸟、钟情鸟、爱鸟这些绰号的相思鸟五彩缤纷，歌声优雅动听，雌雄形影不离，成双入对，如果其中一只死去，另一只亦会忧郁而亡。还有，那身耀七彩的太阳鸟，叫声

尖厉悠长，身上汇集着太阳的七彩光斑，是世界上最珍贵的观赏鸟类。另外，俗称九节狸、麝香猫、七间狸、香猫的大灵猫和小灵猫，因其雄性在睾丸与阴茎间有香腺，雌性在会阴部有香腺，能分泌出一种奇香无比的灵猫香，可制成灵香膏，是制作高级香料的重要原料。

普洱曾是亚洲象的栖息地。20 世纪 70 年代，由于受乱砍滥伐和自然变迁的影响，当地生态遭到破坏，对环境特别挑剔的亚洲象一度在普洱销声匿迹。之后几十年来，普洱采取多种措施，对自然保护区投入很大的人力、财力，建立各种管理级别、类型、功能基本完备的与生态环境建设要求基本相适应的自然保护区体系。在重要生态地区都建立了自然保护区，按国家《自然保护区条例》严格加以管理，很多濒危、珍稀物种在保护区内得到有效保护。1995 年，一头成年雄象从西双版纳进入思茅，第二年又有几头雌象进入。近年来，普洱生态改善，亚洲象重返数量增加，从它们频繁活动的势头来看，亚洲象又在故乡安家落户、繁衍生息了。

亚洲象是国家一级保护动物，目前我国仅存 300 头，其中普洱境内就有 100 余头。它们似乎是一种多愁善感的动物，喜怒难以捉摸。有时，监测员为了加深象群对自己的印象，会用手机为其播放音乐伴餐。刚开始时，象群比较警惕，慢慢地也就适应了音乐，感觉还很享受。或许，大象也通人

亚洲野生象

性。有一次一位监测员上山监测，经过一道山梁，刚过一道弯就发现它们。于是便飞速往回跑，跑出一截回头看，它们并没有追来的意思，定神细看，原来是自己跟踪监测的象群。话虽如此，但千万别对大象抱侥幸心理，一旦它发起癫来，找茬滋事就很危险。因为，在普洱市曾发生过这样蹊跷的事：一位在敬老院熟睡的老人，夜里被野象从床上“抱”走，腾空落在了离敬老院 30 米远的地方。

在距离普洱中心城市思茅区不到 30 公里的地方，太阳河贯穿茫茫丛林，这片丛林就是太阳河国家级森林公园，它处于无量山脉南延的末端。

太阳河流域历史上曾有大型奇蹄动物独角犀牛栖息，最后两头分别于民国三年（1914 年）和民国二十二年（1933 年）被猎杀。从此，普洱长达 80 年没发现犀牛的踪迹。2010 年，有关部门从南非运回七头犀牛，不过没有一下子拉回普洱，而是先放在云南野生动物园适应生活。2013 年 3 月，七头在云南野生动物园旅居三年的犀牛，回到自己的故乡太阳河，担负起建立犀牛种群的历史任务，太阳河流域由此翻开了新的一页。美国黄石国家公园，也曾人为地消灭了狼，后来意识到这个生态链断裂的诸多弊端，又从加拿大请回狼种。据说，当这个公园再次响起狼的嗥叫时，代表着它的生态终于回归到原始状态，公园似乎一下子变得鲜活了。同样，远道归来的犀牛，人们正逐步降低对它们野生放养的干预，也许不用多久，它们就能自由地在这片还保留着它们祖先气息的绿荫之

1 晚归的芒坝鹦哥
2 和谐家园

下徜徉。一环曾经断裂的链条，在普洱人的努力下再次接上了，普洱的绿色也因此更加充满灵动的翅膀。森林很安静，它们每天形影不离，风和日丽时，偶尔会俏皮地打滚。阳光懒洋洋的，嗜睡的犀牛却不懒，每天很早就起来活动筋骨，它们打闹着，一旦撒起野来，碗口粗的树都能拦腰撞断。除了犀牛，太阳河还是中国唯一的爪哇野牛栖息地，是著名的野牛之乡。目前，在野牛种类中濒临灭绝的白臂牛、野黄牛，只有这一带还幸存着十来头。

诗意栖息的传统村落

许多古色古香的村落，至今飘逸着古时的神韵与风采。它们不仅是存世的物质和非物质文化遗产，而且是自然生态景观不可或缺的重要组成部分，是中国农耕文明的根基、精粹和民族的“DNA 博物馆”。保护好这些传统村落，也就留住了人类历史的过往尘烟和田园牧歌的诗意栖息。

传统村落背负着民族的魂，生长着文化的根。民国以前，普洱地区的村落建筑多为草木或土木结构。新中国成立后，砖木结构瓦房渐多，多为穿斗而成。在集镇，房屋布局一般以正房三间为主体，其厨房、畜厩建于正房两侧或前边，正房前左或右边建耳房或厢房。富裕之家建四合院，正房、厨房、耳房、厢房、畜厩四方建置，少数富裕人家建成走马转角楼。20 世纪 80 年代后，逐渐出现混凝土结构房屋。但在佤族、拉祜族、彝族、傣族、哈尼族等民族聚居的地区，至今仍保存着传统民居式样，多数乡村习惯建尖顶房，面积大小根据富有程度而定。墙体建筑材料用土坯或土夯墙，房顶用草、木片、瓦片、竹片。木柱的大小，楼板用竹笆还是木板，根据各自不同的民族习惯和富有程度而定。

随着工业化、城镇化的推进，很多传统村落、生活方式被滚滚红尘渐渐湮没。“古村落保护，比保护一个故宫更难。”清华大学建筑学院教授楼庆西曾慨叹。但在普洱的很多地方，古村落依然星罗棋布，这是普洱的幸事。“暧暧远人村，依依墟里烟。狗吠深巷中，鸡鸣桑树颠。”这古诗里描绘的乡村画面，在普洱江城整董镇漫滩村、景东大街乡三营村和文井镇清凉村、澜沧酒井乡勐根村、墨江联珠镇碧溪古镇村、那哈乡勐嘎自然村、宁洱同心乡那柯里村、思茅龙潭乡龙潭村等地随处可见。山野阡陌间炊烟缕缕、茶香袅袅，勾勒出这些村落素颜古韵原生态的古朴自然和田园气息。

掩不住丰富的人文表情

漫长的历史长河，孕育出普洱得天独厚的地域奇观。26 个民族、14 个世居民族交融其间，创造出各有千秋、各具特

1 白　鹭
2 边地人家

色的民居建筑，形成了多元厚重的人文风情。同时，也在沧桑中见证了各民族日常生活中异曲同工的文化特质，这无疑是一种惬意。

普洱秋日的阳光下，每个民族都是一首动听的歌。那些装点在千山万壑间的村落掩映在绿荫中，蔚然成风，也是一首动听的歌。如果你有大把的时间，或者喜欢旅行、喜欢民族文化，不妨离开城市到民间采撷乡土的异质芬芳。

沿着澜沧江、小黑江流域走，你会看见不同风格的民居群。比如鸡罩房，房屋多为穿斗结构，形如大鸡罩，屋内为椭圆形，分布在这一带的布朗族、傣族多建此类房屋。比如落地式茅屋或瓦

屋，沿袭古俗择地修造，是拉祜村寨通用民居之一。这种房屋大小都有，没有栅栏，也没有院落，只有一小块平坝，开放式使用；小房子不隔间，大一点儿的隔成三间，房门开在中间一间，有吞口，进门是堂屋，有神龛，供神位；右间设火塘，是一家人生活的中心，用于做饭待客、烧水取暖。拉祜族在寨子在命名上很讲究，有的以建寨人的名字命名，有的以这个寨子的头人名字命名，如扎夺是这个寨子的头人，就命名为扎夺寨，还可以地形、山形命名。如哈卜玛寨，意为白石头寨；哈尼玛寨，意为红石头寨。

行走是一件快乐的事，除了鸡罩房，还有许许多多干栏式建筑横陈在山川平坝间。傣族民居多为这类建筑，部分拉祜族、布朗族、佤族也建盖此类房屋。傣家竹楼分上下两层，上层栖人，下层养家畜、堆放农具，也是舂米、织布的地方。随着社会发展，现今孟连、景谷等地的一些傣族村落开始以混凝土砖瓦结构代替竹木结构，但仍保留着干栏式样和人字形屋帽外形。但凡有傣族居住的地方，都信仰南传上座部佛教。佛寺建筑是当地的一大特色，多以落地重檐多坡面平瓦建筑为主，一般由大殿、僧舍和鼓房组成。

❶ 大地作画

❷ 澜沧景迈山

傣族是煽情的民族，傣乡是煽情的地方。热

黄草岭一角

带雨林风光，水一样的民族、水一样流淌的岁月，以及宗教场所、错落有致的村落，随处可见的历史、宗教、服饰、饮食、音乐、舞蹈、纺织、刺绣等场景与周围的竹林、植被相映成趣，勾勒出一幅人与自然和谐共处的图景，相互交织，扶摇直上，构成傣乡迷人的风景线。在孟连娜允古镇周围，分布着许多傣族村落，被视为傣族母亲河的南垒河由北至南世代流淌，仿佛在传唱一首悠远的歌。现在，每年四五月间，当地都要举办传统节日“神鱼节”，场面甚为恢宏壮观。传说远古时候，傣家人生活艰辛困苦，佛祖派蕨菜和神鱼来到傣乡，从此鱼卵繁殖河流，河岸长满蕨菜，人们的日子一天天好起来。但是，鱼和蕨菜都有生长周期，不可滥捕乱采，只得选择一个吉日后才能大量捕食和采摘。为了纪念这一幸福时刻的到来，“神鱼节”年复一年地被传承下来。

传统村落是民族标识的烙印，居住于思茅大小芦山彝族村寨或澜沧、西盟等地的拉祜族、佤族，就住在连片的闪片房里。这类民居以土基或砖砌墙，上盖闪片，即将松树或标直之树剖成木片，用竹篾编成横串，重叠覆盖于房顶。在墨江哈尼族村寨，土掌房随处

可见，这是一种用土坯支砌成墙、用木柱穿斗屋架，最上层填土夯实成顶的建筑。有一层的、两层的，利于防火，冬暖夏凉，这些房子一间连着一间，形似一座城堡。

许许多多的鸡罩房、闪片房、土掌房、竹楼就这样组合成一座座村落，盛载着热闹欢快，盛载着宁静祥和，弥散着泥香虫鸣。穿行其间，一定会给你不一样的感受。往往，伴随这些村落而生的，是一个个永不熄灭的火塘。火塘边，古铜色的脸在火苗映照下，皱纹深处透着岁月沧桑的光芒，炯然的眼睛深藏着曾经的艰辛，老人们叼着旱烟，吞吐着袅袅弥漫的烟雾，那神情充满了快慰的闲暇，这是他们叙唱族规、讲述族谱、传承薪火的地方。

当人们行走在李仙江、澜沧江、南卡江的高山峡谷间，探寻着原始古朴和神秘的时候，面对绵延的梯田，层层叠叠地垂挂在山间，那样精致、恢宏、气派。每一层都是一道细碎精巧的涟漪，每一叠都是一片清净如鳞的波纹。当天光飘荡在层层水波之上，金色碎片缀满山体，满山流光溢彩。这种摄人魂魄的大气派，无不令人心醉神迷，激荡而震撼。明

古柏与古寨

清以来，地方志对哈尼梯田都有记载，如清代中期嘉庆年间的《临安府志·土司志》这样描写：“依山麓平旷处，开凿田园，层层相间，远望如画。至山势峻极，蹑坎而登，有石梯蹬，名曰梯田。水源高者，通以略杓（涧槽），数里不绝。”这是哈尼梯田的真实写照。“第一次看到哈尼梯田时，那起伏而高耸入云的山峦，蜿蜒的梯田像一级级登上蓝天的天梯，又像天地间一幅幅巨大的抽象画、水墨画……这是一种难以言表的内心震撼。哈尼梯田，才是真正的大地雕塑!”法国人类学家让·欧也纳博士发出由衷赞叹。美国福特基金会中国项目官员麦斯文也深情赞誉：“多么美妙的哈尼族梯田，真了不起，千万不要破坏它一点点！”

青山翠竹，土墙黛瓦，牧笛山歌，蛙声蝉鸣……这些传统村落遵循中国传统天人合一观念的居住方式，它一直绽放着农耕文明的恬美情境，是祖先长期适应和利用自然的见证，是祖先遗馈给我们的一笔丰厚遗产，它不仅仅是一个地点和空间的组合和切换，还保存着年轮的印痕和光阴的故事，如同一部历史教科书，记录和镌刻着民族文化基因序列和历史记忆U盘。

各具特色的传统村落背后，浓缩着普洱26个民族、14个世居民族的文化特质，这是一个与山为伴、与水缠绵的世界。它们被许许多多的绿树包围着，静谧中似在私语。这里，从绿荫到绿洲只有一步之遥，从风轻云淡到繁花似锦也不会太久。走进它们，即便你无动于衷，也会被恣意的翠绿所笼罩，被无处不在的花香所熏染。许多传说故事遍布村庄，被人像喝普洱茶般不经意地传颂。对于这样的世界你是不会无动于衷的。

沧桑背后烙印着悠远故事和万般风情，为她谱写古老而年轻的韵律，那充满亚热带、热带生态的雨林、村庄、佛塔、梯田等，处处透着安详、自然与协调。人约黄昏，守望田园风光，总是止不住感叹江山依旧在，却数不尽夕阳几度，道不完风情几许。

密林深处有人家

慢生活下的悠远牧歌

普洱的自然生态环境是宁静而诗意的，她滋养了各民族的精神性格，甚至把这种诗意融进了他们的服饰、歌舞、生产、生活中。这种宁静诗意造就了他们的慢生活，这也许是现代都市求之不得的生活方式。

行走是一种让心灵抵达灵魂的方式，它赋予我们的精神世界新的期许。走向那柯里、翁基、漫滩那些传统村落吧，那里有我们熟悉的乡音，有我们似曾相识的童年。入村处，显现石板路；村里，民居自成一体，难能可贵的是，这些村寨部分人竟然还将各种手工技艺传承下来。而这里最独特，也最吸引人的是“体验”：在纺车前，可以亲自动手，尝试一下纺线、织布的乐趣；在磨坊，可以亲手磨一碗豆浆、花生汤；在油坊，可以看到菜籽油从油坨中喷薄而出……是的，村庄在以自己的方式缓慢地放牧时光，村民在以自己的方式耕耘人生，而行走的人则在这种视觉聚焦中让心灵停靠、让

芒景村翁基
布朗族古寨

心灵皈依。

德国诗人荷尔德林有一著名诗句：人，诗意地栖息在大地上。这几乎道出了人们理想的生存愿望。然而，要使人们都能获得这份生存的诗意却不容易，分布在中国广大区域文化相对弱势的农村似乎很渴望走向小康的城镇。这是一个不争的事实，目前普洱的有些乡村确实遗弃了传统村落和传统文化，走向现代文明，但一些地方却始终坚守着传统，这其实是一种越来越稀少的田园理想，奇货可居。

这并不是说，这里的传统村落就是完美无缺的桃源圣境，其实它们都有一个共性：文化的相对落后。尽管如此，这里的人们都有着很好的精神面貌，在大多数村里人的脸上呈现出平和、融洽和知足；他们有着良好的生活习惯——日出而作、日落而息。一条小路，一棵古树，一座祠堂，一口井，一处小溪，无一不是人们心灵深处对乡愁的寄托。古韵在延续，古村在轮回。过去的物事聚集在

古村落深处，让我们回顾的视线可以无限延伸，老房子、老水车、老磨坊仿佛是时间的容器，先辈的气味在其中留有痕迹，或许只有面对这些过去的时候，我们才能更好地看到前方。

放逐尘嚣，享受恬静，细数美丽古村落又何尝不是一件乐事？文明永远是趋同的，那是对野蛮的一种进步。但文化却应该是求异的，否则国家和民族就没有个性，没有在世界立足的优势，也没有国人安放诗意和远方的地方。古村落可以说是地域文化最鲜明的标志和最丰富的表情。普洱的这些传统村落就充分表达了这一地域文化的美学特征，也传达出了儒家“中和之美”的哲学文化精神。

视野里的干栏式建筑，不管是柱基、门窗、栏杆，还是门楣、窗棂、隔屏、插角、斗拱，都蕴含着丰富的文化信息和族群记忆，凸显出一个地域文化最隽永的魅力。它唤醒了一个时代的记忆，也延伸了一个族群的精神命脉。从它的文化遗存和历史记忆里，不难触摸到本民族的风雨沧桑。走过传统村落，人们是怀旧的，因为都在品味尘封岁月，品出一种沧海桑田的况味。说是沧海桑田，有些不忍，它更像是完成了一段富有生命力的旅程。因为它的过去、现在，甚至将来，不仅仅是遮风挡雨、避暑纳凉，更承载了历史抹不去的痕迹。路过，走过，细细品味，前尘往事就在眼前纷飞，虽有斑驳之痕，但依然善美。许多事物都变为痕迹，普洱的传统村落也不例外，存在就是无法替代的证明。

传统村落立起丰富的人文表情，谁的历史谁来说，多少痴迷者，想来为它揭秘，重塑一个它。是对是错，多元文化的普洱可以让它愉快地容身。不必用喧嚣唤醒一段尘封的岁月，就让它静水流深，这是它的一种风度，也是它对历史的一种尊重。

普洱的传统村落，不必冠以什么名分，它最多就是一隅之风，守着一份岁月静好。它的美是因为远离浮躁和华丽，以和谐的古典韵味诉说自己的点点滴滴。

有一个读历史的朋友，每年都要去几趟那柯里和碧溪古镇。在他眼里，那里的每一座老宅、每一个客栈、每一方碑刻，都有沧桑的故事和厚重的历史，都让他沉迷不已。每当他看着由村落延伸而去的茶马古

麻栗河梯田

道，触摸那斑驳的马蹄印痕，总会一声长叹，忧患的声音，似乎寻着马帮铃声而去……

一切并不刻意，历史总是沿着它必然的轨迹不紧不慢地向前行驶着，任何事物的存在和消亡都有其因果。而那柯里和碧溪古镇的存在，却让人们最终找到了乡愁。

一方建筑，诠释着一方人的生命形态。像那柯里和碧溪古镇这样的地方是有思想的，它在物欲横流的现代文明中思考着，关于过去和未来，关于一座村庄的传奇。文化是一个地方的灵魂，没有文化的滋养，这个地方即便建得再富丽堂皇，终归是一堆没有感情、没有个性的冰凉的建筑物。近年来，许多传统村落在城市化步伐踩踏之下成为废墟，留下了永远的痛。古朴与潮流，谁轻谁重，正检验着人们的智慧与眼光。

喜欢传统村落，除了它的风格迥异、一村一品，除了可以一览静谧、迷人的原生态景色：壮观的梯田、繁密的树林、潺潺流动的小溪、村落斑驳的痕迹，还因为歌舞、热情无处不在：木鼓、太阳鼓、牛皮鼓、象脚鼓，鼓动天地；摆舞、孔雀舞、芦笙舞、甩发舞、竹竿舞、三跺脚，舞动人心。绚丽夺目的民族服饰，蕴藏着丰富的内涵，精巧别致的产品，左一样，右一件，总是让人爱不释手。小伙子尽情挥洒着粗犷和彪悍，姑娘们大方地唱着炽热的情歌，大碗的美酒饱含着真挚的祝福捧给朋友，醇厚的古茶洋溢着朴实的真情敬给客人。

行走在其间，许多像川河坝、勐朗坝、永平坝一样的地方，小桥、流水和炊烟总是娓娓诉说着与生俱来的慢时光……来到饱经沧桑的缅寺，如有机缘则可聆听到启迪慧根的经语，光着脚走到佛祖面前，可以悟解佛迹仙踪的禅机。带着疑问，走上风蚀雨淋的吊桥，很想知道，先人们是否就此抵达了幸福的彼岸？听着疾行渐远的马蹄声，很想知道，历史是否曾在茶马古道上峰回路转？一切充满诗意，我们需要诗意地栖息！

舌尖上的百味芬芳

人的一生中，舌尖上的记忆占据了生命的大部分时光，甚至引领了人类记忆感知的主流。通过舌尖，人们感知到了酸甜苦辣咸，而这正是感知的魅力所在。

当今普洱的饮食文化，是官方与民间饮食习俗的融合。明清时期，汉族由内地带来各种烹饪技艺，继而出现私营饭馆和饮食摊点。清雍正七年（1729年）置普洱府，清廷任命的"流官"大多带有私人雇佣的厨师，为官员及其眷属的日常饮食和官府宴酬宾客烹饪。民国时期，一些政府官员仍沿用旧习，以带官厨显示其地位显赫。官员离任，有的厨师就地定居开办饭馆、饮食店。清末民初，饮食业多集中于思茅、宁洱、墨江、景东等地。1949年后，饮食业逐渐兴起，各民族特色饮食交相辉映，百味争鲜。

普洱的舌尖是挑剔的，一吃就吃出了久远的酸辣香臭，一品就品出了上乘的普洱茶、石斛、端午药膳、小粒咖啡的韵味。时间久了，就打上了鲜明的烙印。

酸、辣、香、臭皆餐饮

吃是最能让人感受一个地方风情的。深入普洱各地，你会发现普洱人能把酸、辣、香、臭各种味道融入餐盘，这应该算得上餐饮中的绝活，而这绝活只有真正尝到嘴里，才能留下切身的记忆和感受。在普洱，活着真好，因为太多美味能令你口舌生津。

偏爱柴米油盐的世俗烟火不是错误，而是一种内心的释然。在普洱，穿梭于阳春白雪与下里巴人间，用一个下午茶的时间去准备晚餐是一种情调。

但凡到过普洱的人，都知道这里的人喜好酸、辣、香、臭。到各村寨，不管走进任何一户人家，都会发现成排的腌菜坛子，酸、辣、香、臭俱全。

思茅区的珠市街、腊梅坡、麻鸡垭口、茶马古镇、高家寨、菩提箐是风味小吃的缩影，见证和诠释着普洱人舌尖上的酸、辣、香、臭。

珠市街保留有普洱最古老的民居。历经一次火灾后，虽然给它平添了些许伤感和落寞，但“根”却没有丢，基本还保持着那份与

① 要吃哪个

② 酸甜苦辣

生俱来的古色古香。来这里最重要的就是去街角的小吃，每家小吃店的长桌上，都摆着一溜玻璃罩着的盆，里面都是当地有名的凉拌菜。品种很多，色香味俱佳，有黄瓜、木瓜、鱼腥草、鸡爪、凉粉等。吃这里的凉拌菜不用怕增肥，因为这些凉拌菜几乎都有普洱茶在里面，普洱茶可是有减肥功效的。一个人或几个人坐在这里，享受着舌尖上的酸、辣、香、臭，再来点当地有名的米酒，这种组合很乡土、很悠闲，总是让人意犹未尽。如此情景，在普洱的城镇、乡村同样演绎着，确实是一道风景。

普洱人爱吃酸溜溜。如果来普洱玩，随便抓个人问爱吃什么？他肯定会告诉你，酸的，辣的。从普洱的街边小吃腌酸鸡脚、凉拌酸木瓜，再到宴席上的酸笋煮鱼、木瓜猪脚，以酸为主的食品随处可见，可以说，一个宴席没有一道酸菜，那就不是普洱人的经典宴席。

❶ 酸牛皮
❷ 辣红肉
❸ 晒香肠

❶ 辣
❷ 香腊肉
❸ 叶子包肉

酸笋烩鱼是普洱地区普遍流行的一道菜肴，特点是酸辣鲜爽。其做法是，将鱼去鳞并除去内脏后煎黄，再将酸笋炒熟后放入水中，待煮沸后把鱼放入，并加入葱、姜、辣椒、花椒、味精等佐料即可上桌宴客。傣族好酸辣是出了名的，酸肉、酸鱼、酸腌菜均是日常食品。在孟连傣族村寨中，每到暑夏，都可以品尝到一道蛋白质极为丰富的佳肴，这就是酸辣爽口、和胃生津的凉拌酸蚂蚁蛋。酸蚂蚁成虫具有较浓的酸味，它常在竹丛、树丫上筑起圆巢。春末夏初，蚁巢中满是米粒般大小的蚁卵，洁白如珍珠。将蚁卵采来煮熟，加上食盐、辣椒、碎葱头、生蒜泥拌匀后即可食用。酸蚂蚁蛋是世间最小的蛋，具有丰富的蛋白质，傣家人常用它来招待亲戚朋友，品尝后令人回味无穷。

普洱人喜欢吃辣。吃早点要放一大勺辣子油，汤汁红了才有味道。还有辣子鸡也是很出名的菜，像这样跟辣椒挂钩的，还有辣螃蟹、香辣虾、剁椒泡菜鱼、剁椒泡牛肉……以至于以辣出名的餐馆开一家火一家，辣椒油做得好的早点铺也得小心，辣椒蘸水经常会被人悄悄打包回家蘸酸木瓜、酸荽依吃，故老板边煮早点，眼睛边盯着辣椒蘸水碗看。饭桌上，常常摆着一碟小雀辣，这些辣椒小得精致、辣得极致。这是一种产于李仙江、把边江沿岸的野生辣椒，起初靠鸟类衔食传播、繁衍、生长，由于品质优良，市场上供不应求。如果你看到有人用小米辣蘸盐巴吃，不要被吓到，他会告诉你，我在补充维生素 C。像拉祜族，几乎每家都喜欢用辣椒待客。如今，在澜沧的一些地方，流传着这样的俗语：拉祜人的辣子，汉人的油，意为待客没有辣椒，就像汉人做菜不放油一样。普洱的辣子虽然个头小，可是真的辣，没有真功夫的人，不要轻易去尝试，因为你会边吃边哭。不过，不乏勇于尝试者，因为那种刺激味蕾的感觉妙不可言。

普洱菜肴的香是出了名的。在大小餐馆和农家，炒菜的锅往往是烧柴火的土锅，这样的锅做出来的菜更香。灶里的火似乎是一直不灭的，坐在灶边，闻着松枝、灌木燃烧散发

❶ 佤族稀饭
❷ 辣

出的清香味道，锅内升腾着热气，煮了一时的鸡鸭鱼肉散发出迷人的气息，火腿自不必说，香到骨髓里，一闻口水就咕噜咕噜地从嗓子眼里跑出来。腌制火腿需要好手艺，个中诀窍只有自己体味，无法传授和复制。一只火腿的腌制，需天时地利人和，晴朗冬日天气、冷凉环境和人对食盐与肉质的把握缺一不可，将所有佐料搅拌揉捏之后，一切交给时间，让时间赐予食物完全不同的灵魂。哀牢、无量深山中的火腿尤其诱人，兴许是沾了漫山遍野樱花的灵气，火腿总是嫣红似火、芳香四溢。柔软的东西总是让人难以抗拒，用糯米做出来的粑粑更是香软缠绵，在赠予中浓厚了黏实的人情，撇不开。普洱人喜欢吃一种三尖角粑粑，做时将炒熟的菜肉馅包裹严实，在表层轻轻捏成一横、三角、十字或者尖尖一个角，用以区分不同馅类。菜馅品种很多，腌菜、藕、卷心菜、茴香、白糖、豆沙、花生、火腿等，可谓五花八门。其中，要数茴香馅、火腿馅最香。将少许火腿与切碎的茴香炒熟冷却，填进揉好的面团里，上锅蒸熟，香味便扑鼻而来。轻轻咬上一口，汁水从里面流出，混合着田园浓郁的清香，勾了魂地难忘。茴香，回乡，吃的是一种滋味和情绪。

普洱菜肴的臭恰到好处。在云南，石屏豆腐是以臭扬名的，

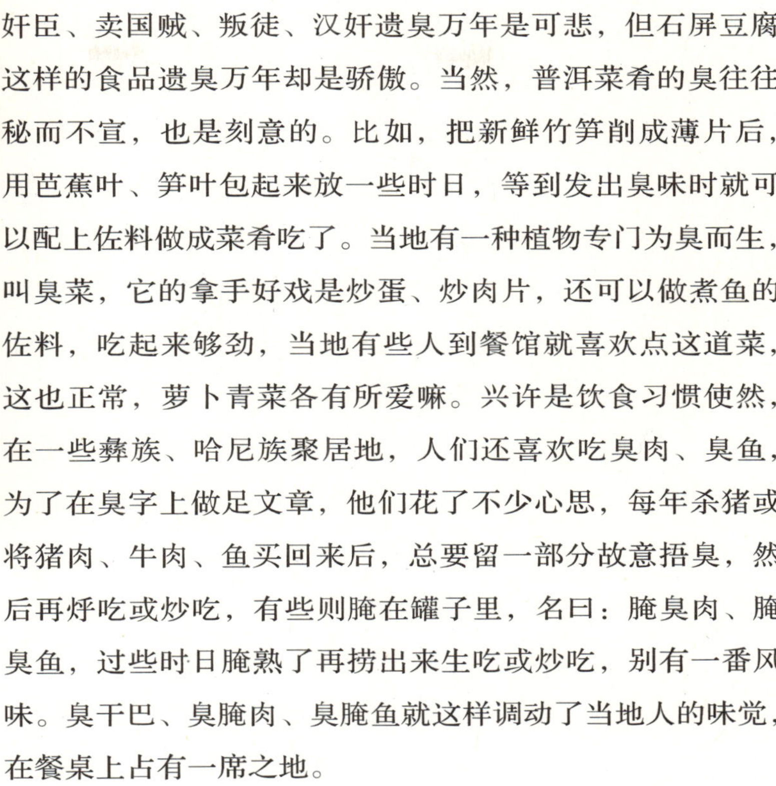

奸臣、卖国贼、叛徒、汉奸遗臭万年是可悲，但石屏豆腐这样的食品遗臭万年却是骄傲。当然，普洱菜肴的臭往往秘而不宣，也是刻意的。比如，把新鲜竹笋削成薄片后，用芭蕉叶、笋叶包起来放一些时日，等到发出臭味时就可以配上佐料做成菜肴吃了。当地有一种植物专门为臭而生，叫臭菜，它的拿手好戏是炒蛋、炒肉片，还可以做煮鱼的佐料，吃起来够劲，当地有些人到餐馆就喜欢点这道菜，这也正常，萝卜青菜各有所爱嘛。兴许是饮食习惯使然，在一些彝族、哈尼族聚居地，人们还喜欢吃臭肉、臭鱼，为了在臭字上做足文章，他们花了不少心思，每年杀猪或将猪肉、牛肉、鱼买回来后，总要留一部分故意捂臭，然后再烀吃或炒吃，有些则腌在罐子里，名曰：腌臭肉、腌臭鱼，过些时日腌熟了再捞出来生吃或炒吃，别有一番风味。臭干巴、臭腌肉、臭腌鱼就这样调动了当地人的味觉，在餐桌上占有一席之地。

① 三尖角粑粑
② 拉祜族手抓鸡
③ 药根交易市场

普洱，是一个妙趣横生的所在。这里，稀奇古怪的美味，享用着自然的馈赠，如蜂蛹、竹虫、酸蚂蚁、蕨菜、竹笋、野生菌等，都可成为桌上的美味佳肴。傣味、佤味、拉祜味、哈尼味、彝味等正宗传统风味更是数不胜数，整座城市似乎成了美国著名作家、诺贝尔文学奖得主海明威笔下的“一道移动的飨宴”，永远伴随人的一生。

药根搅动一方水土

药膳是中医学的一个重要组成部分，是中华民族祖先遗留下来的宝贵文化遗产。端午节几乎举国上下都过，但每一地的过法却各有千秋。别小看西南边陲的普洱，光是上品药膳就多得不胜枚举，可谓灿若繁星，足以见证丰富的药膳文化。

中国有很多关于端午的故事，比如水漫金山，白娘子喝雄黄酒，这是一个很悠远的节日。屈原选择在这天殉国，把它的人文精神提升了。《离骚》中说：若无泽畔行吟苦，哪得千秋绝妙词，唐代文秀《端午》曰：节分端午自谁言，万古传闻为屈原。堪笑楚江空渺渺，不能洗得直臣冤。这个古老的民族习俗，因为屈原，得到了新的诠释。

农历五月正值仲夏，俗称“毒月”。过去，普洱一直沿袭着在门楣插艾草和菖蒲驱瘴灭蚊，以及在家里喝雄黄酒避疫、烀药根“换肠肚”的传统习俗。时至今日，端午节前后，各地摆满卖药根的摊子，可谓药香满街、人如潮涌，形成极有特色的端午药市，持续近二十天。这种阵势可能在全国也是独一无二的。近年来，外省、昆明及周边地区不断加入采购药根和吃药根的阵营。也许，今后端午药膳会成

1

为普洱更加响亮的饮食文化品牌。

药市确实热闹非凡，卖药根的多是居住在郊区的山里人，买药根的人多半是城里人。这些药根具有祛风除湿、舒筋活血的作用，如伸筋草、透骨草、黑根药、观音草、脱腰散等；补益作用，如鸡坳、隔山消、仙茅、牛口刺、小白参、泡参、竹叶菜、玉竹等；清热解毒作用，如金银花、薄荷、蒲公英等；利水通淋，治肝胆及泌尿结石的，如猪鬃草、石韦、金钱草等。买卖之间，彰显出鲜明的民族特色和文化色彩。

❶ 景东彝族跳菜

❷ 端午药根源自普洱

药根买回来后，该去皮的去皮，该留芯的留芯，该要叶的要叶，一家人忙上大半天，将其刮洗干净，切段整理。炖的用具非得是砂锅或铜锅，炖的汤料通常加入土鸡，或者新鲜猪蹄髈。用文火炖上小半日，端上飘香的盛宴——药根汤。讲究的人家，盛汤的碗必是细瓷土碗，相传这样才不致让汤味走气，单是闻着便令人垂涎三尺，倘若挟着那黑的、白的、黄的、红的五彩的药根，往口里一送，便不忍停下。汤的滋味如何呢？馥郁的药味混着肉香清浓相宜，原汁原味，回味绵长，实属汤中极品。而且尤能有病治病、没病防身，洋溢着温馨的家庭生活气息。

❶笋　卷

❷紫米八宝鸡

家家如此、代代相传的端午药根汤，如今已成为普洱传统文化的一个缩影。普洱的端午，因有了药根汤而活色生香，不吃药根汤就不算过真正的端午节。吃过唇齿留香的药根，喝过温血补气的药根汤，再邀上亲朋好友，三五成群集结而行，城里的往乡下走，乡下的往城里奔。据老人们说，装着肚里的药根汤，这样走一走，便能驱邪魔、治百病，此行美其名曰“游百病”，游得越远，身体越棒。如此，浓重的端午节才算拉上完整的幕帷。此期间，游客若到普洱，可以亲身体验浓郁的民族风情习俗，品尝美味可口的药膳，祛病养生，排毒养颜，再和当地人一起踏青寻春，亲近自然，可谓怡然自得、逍遥自在。

千百年来，普洱各民族对端午药根膳食均有不同程度的喜爱，具有很强的地域特色，融合汉、傣、拉祜、哈尼、彝等民族食用植物习俗及医药知识的演变史。普洱端午节药根种类多达六七十种。民间医生认为：普洱作为亚热带、热带地区，一年通常只有干湿两季，端午节正好是这两个节令的更替时段，是一年中最易致病的时节，所以，需要吃一些药物来驱逐沉积一年的浊气，同时也需要补益正气来抵抗气候变化可能带来的疾病。由此，便衍生和繁荣了端午药膳文化。

透过花开说石斛

石斛是国家保护药材植物之一，在普洱，空灵寂静的山谷和田间地头的老树枯藤上常有花影绰约，许多石斛生长其间，它终年受云雾雨露滋润和天地之灵气，取日月之精华，有“药中黄金”之誉。

平时看惯了梅花、桃花、牡丹花、百合花、月季花、海棠花……乍一听说石斛花，好奇之余，便买回几苗种在

盆中。等长到一寸余长似分枝状时顶端有了花蕾，白中带一点淡淡的绿，慢慢地花蕾在变长变大，呈层叠状，有点含苞欲放的样子。也许是它的灵性知道我期待的心情，或者它想把自己无一遗漏地展示给我。一天早晨，起床后再去看它，呈现在眼前的它，就像一个平时比较懒散又不修边幅的人一夜之间变得干净、时尚、漂亮起来，面貌焕然一新。那盛开的洁白花瓣有力展开，似张开的小鸟翅膀透着白玉般的清辉，涌动着生命的气息和冲动。一时间，身旁仿佛有翅膀扑哧颤动，飞过头顶，直插云霄。石斛花花瓣顶端的一抹紫色渐渐地退晕，薄纱似的朦胧，有如一位丹青高手将它渲染得如此美丽，更奇妙的是其花蕊不同于其他花朵，造型奇特美丽，半圆球状一头带点尖的有如瓢似的，亮亮的鹅黄色鲜艳夺目，两簇紫色如两只眼睛，深沉有神，有如一颗宝石镶嵌在天鹅绒上，让人陶醉，让人浮想联翩、心旷神怡……石斛花，在没有开花之前茎秆看上去十分平常，但就是这么平常

❶ 石斛种植

❷ 石斛花炖土鸡蛋

石斛汁加蜂蜜

不惊人的外表竟能开出如此美丽的花朵。就像做一件事，不能光看过程，还要看结果；就像一个人，不能光看他的衣着外表，还要看他内在的真、善、美，这是它带来的启迪。

其实，石斛花的颜色有很多种，比如，铁皮石斛的花呈淡黄色，金钗石斛的花呈粉白色……在普洱，“药中黄金”石斛一直花影绰约，其中，最多的要数铁皮石斛。因其药用价值高，已被国家列为重点保护野生药材植物之一。与铁皮石斛一样，铁皮石斛花也有非常好的药用价值，能很好地滋阴润肺、养胃生津、明目清热，有增强免疫力、抗衰老的功效，对呼吸道疾病、糖尿病、慢性肝炎、慢性胃炎等都有好处。此外，它的另一功效是能使人心情开朗，缓解精神压力，治疲劳、去烦躁等功效。作为养生极品，石斛自唐宋以来就被列为贡品，深受皇宫贵族的青睐。成书于一千多年前的道教医学经典《道藏》将石斛与雪莲、人参、首乌、茯苓、苁蓉、灵芝、海底珍珠、冬虫夏草并称为“九大仙草”。明代李时珍在《本草纲目》中评价铁皮石斛“强阴益精，厚肠胃，补内绝不足，平胃气，长肌肉，益智除惊，轻身延年”。

普洱是最适宜石斛生长的地区之一，共有野生石斛八十多种，产量约占全省的60%、占全国的30%左右。其人工种植的历史可追溯到1986年，当年市民药所与中科院昆明植物所联合研究铁皮石斛集约化栽培，至1992年获得成功，2002—2010年，康恩贝集团、南京金陵药业等企业进驻后，开创了人工种植大格局。近年来，普洱不断扩大铁皮石斛种植规模，普洱市还与康恩贝集团签订协议，计划用3至5年时间种植铁皮石斛2万亩，打造全国最大的铁皮石斛产业化基地。随着市场风生水起，石斛产品热销江浙、两广、福建、港、澳、台及东南亚各国。

石斛，从花到叶，再到茎，全身都是宝。它被外商采购后，加工成高档饮品、药品，许多人的生命因它而健康、精神因它而饱满。现今，它除了以茶的形式登上品茗的大雅之堂，与人一起抚风弄月，装点雅致芬芳外，还源源不断地走向餐厅、走向餐桌，与鸡鸭鱼肉一起加工成益寿延年的美味佳肴。甚至有些酒店、餐馆主打菜肴就是石斛宴，而石斛宴里又包括石斛鸡、石斛鸭、石斛猪脚等等。普洱，因石斛而顾盼生辉。

一杯醇香品咖啡

当下，国人对咖啡已从陌生走向熟悉，并逐渐变得热衷。有些城市，咖啡厅遍布大街小巷，超市里、自动售货机前，总有人不忘挑上一瓶罐装咖啡，白领们更免不了在工作时间里用咖啡提神。不可否认，咖啡有一种优雅品质，总是引领饮品世界的时尚先锋。应该说，在这股潮流中，普洱小粒咖啡分量不轻，也占有一席之地。

适当地饮用咖啡，对人的情绪调节、消除疲劳、减肥等，都具有一定功效。每天饮用一杯咖啡一点不为过，闻着香气，慢慢啜上

❶ 红果树

❷ 用心调制

一口，心情便愉悦不少。

既然打开了话匣子，就讲讲普洱小粒咖啡吧。咖啡属于公主命，对生长环境很挑剔，但却不妨碍普洱成为它生长的黄金地带。由此，衍生普洱小粒咖啡，并发扬光大也就是顺理成章的事了。严格地说来，普洱所产的咖啡不叫普洱小粒咖啡，因为从官方层面上没给它更名正身。由于规模化种植咖啡以来一直沿用思茅市地名，加之现行《云南省小粒种咖啡地方综合标准》所用名称也是思茅，故普洱小粒咖啡仍使用“思茅小粒种咖啡”品牌。不过，对于长期受普洱这个地名熏染的人们来说，其早已取代了“思茅小粒种咖啡”这个称呼，私底下，已形成一种约定俗成的口头共识。

寻根问源，普洱咖啡栽培已有 150 年左右的历史。也就在 1860 年前后，一些西方传教士怀着传教的虔诚，或者说是一种文化入侵心理，来到普洱。从此，开始在澜沧、江城、景东、景谷、孟连等地零星引种咖啡。20 世纪 80 年代，也就是 1988 年，普洱开始规模化种植咖啡，由此走上了产业化发展轨道。如今，这里已成为全国种植面积最大、产量最高、品质最优的咖啡主产区和贸易的主要集散地。此等殊荣，不是靠磨嘴皮子，也不是靠手腕得来的，而确实是实至名归。

往往，对一种产品而言，数量决定了它的多少，质量决定了它的优劣，普洱小粒咖啡亦如此。它一度被许多国家赞誉为国际上质量最好的咖啡之一，曾被国际咖啡组织（ICO）认定为一

晒咖啡

类产品，被挑剔的伦敦国际咖啡市场评为香醇第一的优质产品，亦被国际顶级咖啡专家称为阿拉比卡的天堂。2006年，美国特种咖啡协会公布了它与哥伦比亚咖啡连续三年的杯品比较结果，其综合评分竟高出雄踞首位多年的哥伦比亚咖啡 3 个百分点。优越的品质，使普洱小粒咖啡产品无论是在国内市场上，还是在国际市场上都具有竞争优势。源于此，雀巢、星巴克、意利、沃尔等国际咖啡品牌商购买它后，作为加香品掺入其他咖啡中，精制成速溶咖啡出售。著名美籍华人梁厚甫曾撰文称：“云南咖啡浓而不苦，

香而不烈，含油多，还带有果味，是创汇的宝贝。”这背后站着的其实就是普洱小粒咖啡。

一条路，走了很久就柳暗花明，峰回路转的普洱小粒咖啡确实已挺直了腰杆。

如今，普洱市有各种咖啡加工厂200余个，形成雀巢、桑莱特、北归、澜沧江、阿拉比卡、莱福山、翰德、塞纳、乾润9个咖啡豆品牌和曼崖、北归、首品3个深加工产品品牌，从业人员10余万人，带动农户发展2万余户。而且，部分加工厂已拥有中国最大的咖啡初加工生产设备，年加工咖啡豆达万吨以上，可同时加工出8个级别的咖啡米。标准化的咖啡脱壳生产线能一次完成脱壳、粒度分级、重力分级、抛光、色选、自动称量打包等流水作业，使咖啡一级品率达到80%以上，实现了中国咖啡初加工一次性与世界接轨。

有些成功总是悄悄酝酿，然后水到渠成的。这是一种品质和实力决定的，虚妄的内在是无法实现厚积薄发的。如同好的咖啡豆，往往形状整齐、色泽光亮，采用单炒烘焙，冲煮后香醇，后劲足，闻之有浓香，压之鲜脆，裂开时有香味飘出。曾几何时，普洱咖啡的缕缕幽香，开始萦绕于国人的唇间齿畔，并纷纷被世界咖啡巨头捧为座上宾，引领着国际时尚和上流社会的风雅。普洱确实是个适合喝咖啡的好地方，不冷不热，不挤不空，可以用任何姿态活着。普洱的街上，咖啡店不多，偶尔见到一两家，多半是外地人经营的。位于印象花街的咖啡店是一个北京人开的。当问及普洱人和北京人喝咖啡有何区别时？她说，在北京，很多人点一杯咖啡或者一瓶啤酒就能待一下午，普洱人不一样，这样那样地点一堆，然后吃喝，而且多是晚上喝，甚至半夜1点还有人点咖啡喝。说到这里，她笑了笑，在她看来少数民族真难以摆脱生猛的特质。当问及回不回北京时，她回答要看是否舍得，北京有很多人一狠心，就在某个偏僻的小地方待下了。当问及对普洱有何感想时，她说，要让普洱走向世界，让世界亲近普洱，不能说空话。她开咖啡馆，就是希望普洱能有留得住人的地方，让外面的人来了也感到随性、随心。接着，她和服务员讨论需不需要在店里做些小卡片，提醒本地顾客注意喝咖啡的礼仪。服务员说，本地的消费群需要引导和培养。她反而极宽容地说，没必要强迫别人摆脱小勺子，觉得用小勺子喝爽快就行。这时，她老公从外面回来，她又打开了话匣子：她和他是读大学时认识的，他是学长，温州人，他们相恋7年才结的婚。看来，普洱小粒咖啡很有魅力，这个与普洱小粒咖啡结缘的老板娘很有意思！

"中国咖啡之都"授牌仪式暨世界咖啡师大赛

第四章
一条古道抒写的人文传奇

“茶马古道”与“丝绸之路”和“唐蕃古道”一样，是中国历史上最为著名的西部国际贸易古通道之一，在古代中国对外经济文化交流和古文明传播中起过重要的历史作用；也是历史上中国边疆连接祖国内地，并外延至南亚和中亚的纽带；是中国西南各民族自古以来相互交往、融合的走廊；是历史上边疆各族人民和内地各族人民同生共存、团结和睦的桥梁和象征；也是边疆各少数民族与汉民族自古以来不断交融交往的历史见证。

通山达海的漫漫古道

茶马古道，并非只存在于地理上的地表象征，它同样存活于各种志书文献中。《普洱府志》中记载了茶马古道的历史脉络，是古文献中不可多得的精彩一笔，是古代商旅者的地图与指南针。

从《普洱府志》中延伸出的茶马古道

在亘古苍茫的蓝天之下，普洱人能看到的不仅是纵贯南北的昆曼高速公路，澜沧江—湄公河上的水路与天空中无形的航空线，最关键的是，还能看到埋在时间尘埃下的茶马古道。这条古道，普洱在区域位置上，远胜于那些不可一世、飞扬跋扈的名山胜水。

普洱茶马古道途经的区域，竟然大得吓人，不仅仅是普洱九县一区，她于西、南、北三个方向分五条古道遥迢出发，穿越云南各州市，最终到达世界各地。只有这茶马古道，才有资格匹配那句“条条大路通罗马”。也说明了通往的地方之大，之远，之不可匹敌，是世界各地的脉络与框架。世界是一个整体、一个圆满，不可分割、不可肢解……普洱的茶马古道，它就具备了这样一种伟大的力量，世界之格局，就应该有茶马古道一分子。

据《普洱府志》记载，以普洱府为源头的五条茶马古道，主要线路是：北道，通常说法是进京官马大道，亦称“前路官马大道”，从普洱府驻地（今宁洱县）至昆明，途经15个驿站。由于人马流量增大，清道光三十年（1850年），昆明至思茅的茶马古道由原来的土路改为石镶路。再后来，此路延至六大茶山，这就是闻名中外的普洱茶马古道。西道，又称后路，或称普洱西藏茶马古道，还称滇藏茶马古道、滇西后路茶马商道。茶马古道研究专家们普遍认为，这是世界历史上海拔最高、生命力最强、路途最为惊险、最富神秘感的古道。马帮从思茅、景谷、景东、弥渡等13个驿站入下关，然后再分两路：一路经保山入缅甸、印度；一路经丽江、香格里拉、德钦入西藏，此道是更为古老的银生茶马古道。南道分三线（分别是普洱江城茶马古道、普洱澜沧茶马古道、普洱易武茶马古道），即东出老挝、越南，南出缅甸、泰国，西出缅甸、印度。无论哪一条道，都以宁洱、思茅为起点。因此，把当年的思茅城认作是各路茶马古道的源头是有据可查的。

其实，在古代的普洱府辖区，这纵贯南北的五条古道，

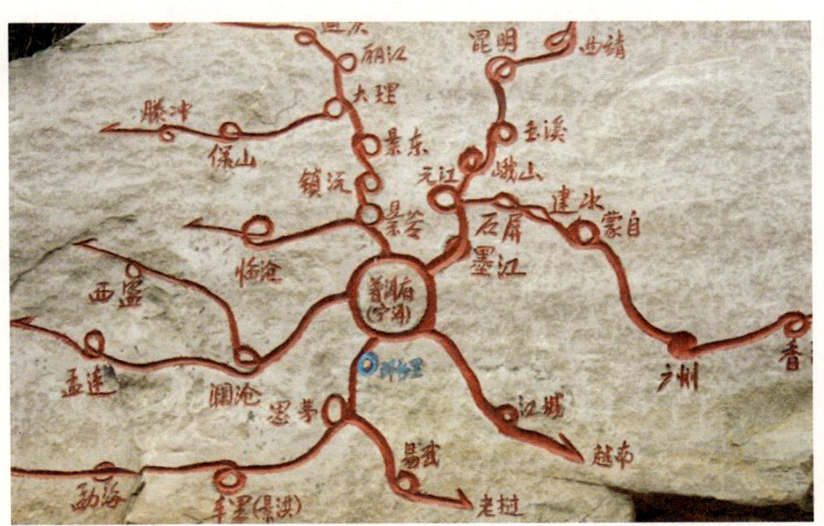

茶马古道线路图

行进在云南山道上的商队

已经形成了重要的文化与商贸网线。

这让我们不由得想到一个颇具现代感的词“一带一路”。近年来，中国在一种新的视野下提出建设“新丝绸之路经济带”和“21世纪海上丝绸之路”的战略构想，这一理念得到各友好国家积极回应与支持！那么，从《普洱府志》中延伸出的茶马古道无疑就是最好的佐证。

世人为之瞩目的滇藏茶马古道

作为茶马古道的一条路线，滇藏茶马古道最为险奇。此道源于何时，已无从考证，它只是茶马古道的一个文化符号罢了。应该说，这条古道存在于人们的意识之前，它是民族迁徙的走廊，是各民族文化相互交融的纽带和桥梁。

在五条古道中，数滇藏茶马古道最为世人瞩目。一队边地普洱马帮人要走到高海拔的西藏，其惊险程度不亚于上青天。难怪有清代诗人牛焘诗云：“……传闻鸟道入蚕丝，中有雪山高插天……跬步咫尺人鬼异……踏雪行人九死还……黄金白骨相熬煎！”从诗的字里行间，至少透露了这条古道的艰难意象：鸟道、雪山、人鬼异、九死还、黄金白骨。据说牛焘是纳西族诗人，他应该就生活在雪山上，再准确说就生活在丽江那一边。他也许未到过普洱府，更没有走过一个叫茶庵塘的地方，这是普洱府到昆明、进北京的第一个驿站。这个驿站上建有茶庵庙，同时也是古代一个关哨汛塘。普洱府是清朝在西南边疆地区设立的一个大郡，因毗邻老挝、越南和缅甸三国，地理位置和战略地位非常之高，朝廷便在此

修城池、设邮驿和边防检查，是要派重兵驻扎的，这是朝廷的事，自然也让这个地方显得无比荣光和重要。

这段茶马古道，约铺建于清嘉庆十七年至道光三年（1812—1823 年），当时清政府派了 5 名兵士驻守，该地设施一应俱全，设有接官厅、和尚庙、尼姑庵、茶馆和马店等。茶庵塘山高路险，峰回路转，据说只有鸟才能飞过，所以又被人们称为“茶庵鸟道”。而从诗句来看，牛焘确实只是道听途说，既然是“鸟道”那就只能“入蚕丝”，过了鸟道，就要经过雪山，那更是难以保全性命，说的就是“人鬼异、九死还、黄金白骨”这些事。还有一首诗云：“崎岖鸟道锁雄边，一路青云直上天。木叶轻风猿穴外，藤花细雨马蹄前。山坡晓度荒村月，石栈春含野墅烟。指顾中原从此去，莺声催送祖生鞭。”（清代普洱贡生舒熙盛《茶庵鸟道》）作为普洱贡生，地方官员，事无巨细他都得过问，他应该无数次走过这条茶庵塘古道。他的诗更是写实风格，是有着边地风情的现实关注的。两

茶庵塘接官坊

诗一一对应，互为帮衬，说明当年古道上的茶庵塘是很有来头的，更从某种角度说明，滇藏茶马古道确实险峻，让人望而生畏。

茶马互市与茶盐交易的普洱盛典

在普洱茶的鼎盛时期，茶马互市与茶盐交易是孪生姐妹，两者相互渗透、交融、互补、佐证，使普洱大地风光无限，熠熠生辉。换句话说，盐的历史，同样是茶马古道的一个重要组成部分，是茶马古道上不可或缺的一个叙说内容。

在普洱古府时代，茶马互市与盐茶交易是一个不能忽略的节点。“茶马互市”起源于唐宋，是中国西部历史上汉藏民族间一种传统的以茶易马或以马换茶为中心内容的贸易往来。

唐代时逐渐形成了规则，宋朝时进一步完善，甚至设置了“检举茶监司”这样的专门管理茶马交易的机构，明

成品锅盐

朝基本上沿袭了宋朝的做法，在交易的地方设置“茶马司”。湟源——茶马互市湟源县西邻藏地，是古代汉地西面最边缘的地区，这个地理位置使它自古以来就是汉藏通商的“口岸”，是一处著名的“茶马互市”故地。茶马互市是古代中原地区与西北少数民族地区商业贸易的主要形式，实际上是朝廷在西部游牧民族中尚不具备征税条件的地区实行的一种财政措施。

茶马交易直到宋朝才成为定制。宋朝统治阶级为什么如此重视“茶马互市”，主要原因是为了维护宋朝的边疆安全。宋朝初年，内地用铜钱向边疆少数民族购买马匹，但是这些地区的牧民则将卖马的铜钱渐渐用来铸造兵器，这在某种程度上威胁到宋朝的边疆安全。因此，宋朝正式禁止以铜钱买马，改用布帛、茶叶、药材等来进行物物交换。为了使边贸有序进行，还专门设立了茶马司。茶马司的职责是：“掌榷茶之利，以佐邦用；凡市马于四夷，率以茶易之。”这就是茶马互市的源起。由于自然环境方面的原因，藏族对茶叶十分依赖，茶能解毒祛病，可以解油腻、助消化。因此，茶叶自宋以来不但成为中原

王朝与西北和西南地区的藏族之间的大宗经贸产品，而且也成为与藏族之间保持友好关系的物质手段。茶马互市对维护宋朝在西南地区的安全与稳定起到重要作用，是两宋王朝具有重要战略意义的治边政策。同时，通过茶马贸易，还满足了封建王朝对战马的需要，又为朝廷提供一笔巨额的茶利收入解决军费之需。

宋神宗熙宁七年（1074 年）行茶马法，于成都置都大提举茶马司主其政。明洪武四年（1371 年），户部确定以陕西、四川茶叶易蕃马，于是在各产茶地设置茶课司，定有课额。又特设茶马司于秦州（今甘肃天水）、洮州（今甘肃临潭）、河州（今甘肃临夏）、雅州（今四川雅安）等地，专门管理茶马贸易事宜。明代的茶马政策有着明显的政治目的。清代茶马政策是明代茶马政策的延续。雍正十年（1732 年），云贵总督鄂尔泰以茶马互市控制云南边疆土司以及边境诸国战马数量，最后成功平叛并顺利推行“改土归流”就是一个著名案例。由于茶是边疆少数民族生活的必需品，因此明统治者严格控制茶叶的生产和

❶ 山里的“火车”

❷ 悠悠古道情

❸ 盐市交易

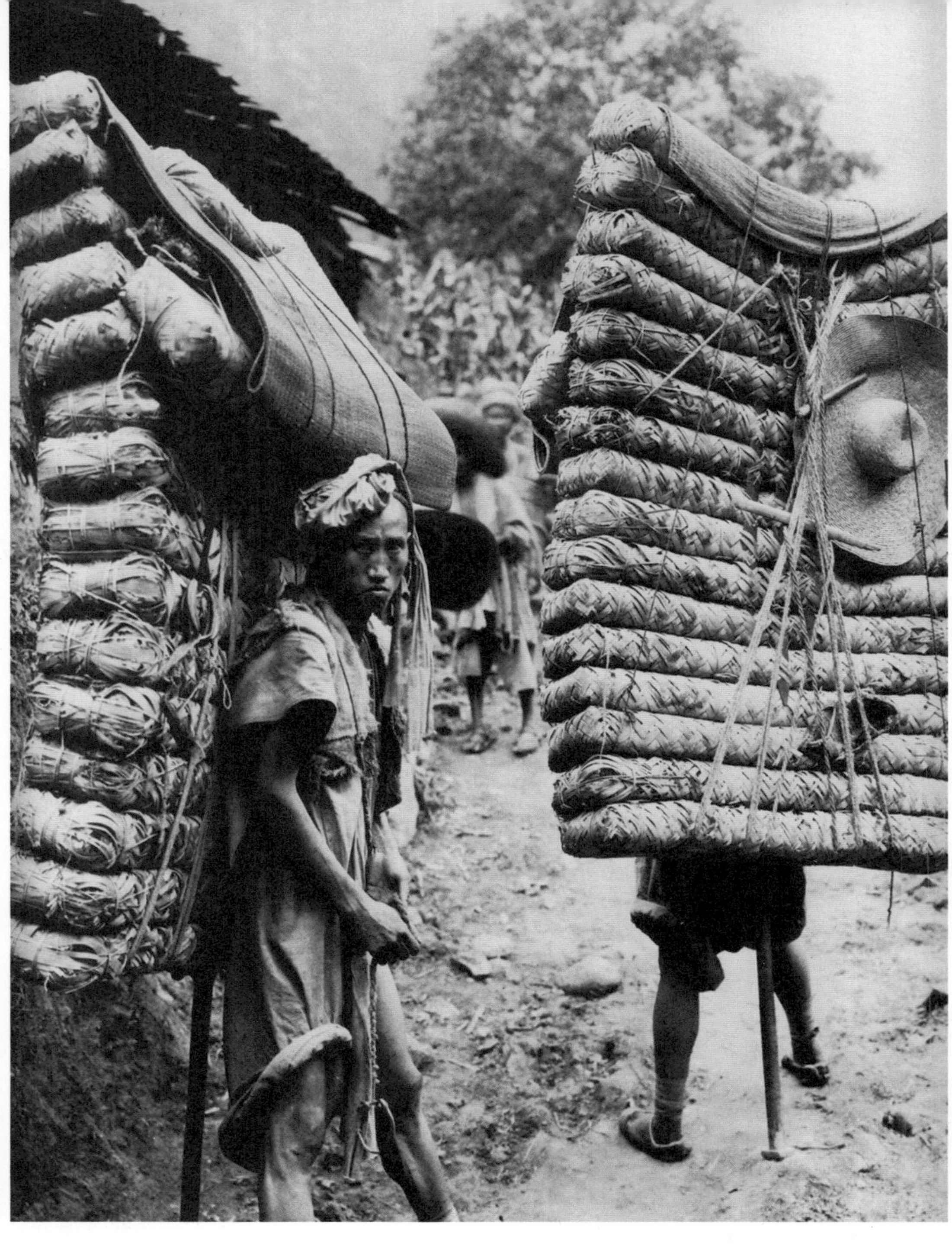

茶马古道上的运茶劳力

运销，并严禁私贩。以茶易马，在满足国家军事需求的同时，也以此作为加强控制少数民族的重要手段和巩固边防、安定少数民族地区的统治策略。后来随着内地与边疆少数民族地区经济交流的发展，民间往往突破明朝政府的禁令进行贸易。后茶马贸易制度崩坏日甚，虽时下禁私茶之令，但民间茶马贸易日益兴盛。

宁洱茶马古道石桥

在茶马互市的政策确立之后，宋朝于今晋、陕、甘、川等地广开马市，大量换取吐蕃、回纥、党项等族的优良马匹，用以保卫王朝边疆。到南宋时，茶马互市的机构，相对固定为四川五场、甘肃三场八个地方。四川五场主要用来与西南少数民族交易，甘肃三场均用来与西北少数民族交易。

元朝不缺马匹，因而边茶主要以银两和土货交易。到了明代初年，茶马互市再度恢复，一直沿用到清代中期，才渐渐废止。

清代，尤其是乾隆以后，“茶马互市”作为一种重要制度逐渐从历史的地平线上淡出，取而代之出现了“边茶贸易”制度。由于交通和经济的发展以及汉藏交流的增加，进入茶马古道沿线的商品种类大幅增加。藏族对茶叶的需求有增无减，同时对其他产品如丝绸、布料、铁器以及生产生活资料等商品的需求也开始增加；而内地对藏区的皮革、黄金以及虫草、贝母等珍贵药材有更大需求。这样，汉藏之间的贸易范围更加广泛，“茶马古道”沿线的民间贸易则愈加繁荣。直到咸丰帝时，地方马场奉命裁撤，各地军队所需马匹统归自购，官府设置的茶马交易随之停废，延续四百余年的茶马互市交易自此终止。

由于历史上的这些功绩，也让当年的普洱古府分享了这份茶马互市的无上荣光！

或者可以这样说，一条茶马古道，同时也是茶盐之道。盐在马帮历史上也算是一种不断流动往来的重要物资。当我们回望澜沧江峡谷里的马帮时，一个叫“盐井”的地方就会展现在人们面前。当然，没有更多的史料记载，人们是何时发现并开发了盐井，但有一部伟大的藏族史诗《格萨尔王之羌岭大战》记叙了盐井一事。据说自唐代的吐蕃时期，高原上的两大部族——藏族先民和纳西族先民，曾展开过旷日持久的拉锯式的争夺战，他们为何而争呢？不就是为了埋在地下的盐嘛！而如今，这个叫盐井的地方，已隶属于西藏芒康县。无独有偶，在这里居住的大多是纳西族人，成了西藏唯一的纳西族乡。

说到盐，澜沧江下游还有一处地方，这就是被人们多重命名为“滇南盐都、茶马古镇、革命老区、丽人故都”的磨黑。磨黑为傣语音译地名，大意是“磨”为井，“黑”为盐，同样也是“盐井”之意。这里以产盐闻名，声名远播。自汉朝开采盐矿，元明清时设盐政，后设盐场公署，可见她名噪一时。清雍正三年（1725年）磨黑井开始大量生产食盐。由此往后，一直是滇西南产盐的重镇，也是云南省四大盐矿之一。

历史上，磨黑盐是远近出名的，算是出够了风头。近至普洱府所属的各县区，上了一定年纪的人，尤其是男子，都有过到磨黑挑盐的经历。磨黑盐通过茶马古道转运，北至昆明，东到宣威，南

上把边江桥

达老挝、缅甸等东南亚国家。流传至今的“赶马调”中，还有与磨黑盐有关的：“三月里来三月三，赶着骡马进茶山，磨黑茶盐人人爱，驮起茶盐到远方。”

古道的地理版图

从历史角度看，古道的地理版图之阔大与辽远，我们只有用历史的“眼睛”才能看见，看见古道网络的纵横交错。无意之中，我们也能看到，古道在各个时期的延伸贯穿中，既有文化交融的相互渗透，同时也能见证经济发展的欣欣向荣。

在古代的普洱辖区，茶马古道是一条四通八达通向世界各地的必经之途。人们自然就会想到一个问题，茶马古道经过的地方，它一定促进了这些区域的商贸发展。首先，我们想到的会是滇、藏、川这三个地理版图。茶马古道是指存在于中国西南地区，以马帮为主要交通工具的民间国际商贸通道，是中国西南民族经济文化交流的走廊。茶马古道是一个非常特殊的地域称呼，是一条世界上自然风光最壮观、文化最为神秘的旅游绝品线路，它蕴藏着开发不尽的文化遗产。其次，人们还应该清晰地看到，它还引进了中原文化。从考古研究中发现，茶马古道沿线，在普洱辖区内，如今还可以见到一些重要的文化遗迹，如景东文庙、墨江文庙、宁洱文

昌宫等，它们都是中原文明的集中代表。从近处讲，古道同样是东南亚文化、商贸交流的纽带，这些都得归功于古道地理版图中的功绩。

其实，对于这条穿越时空的茶马古道，我们可以追溯到古代历史上的“南方丝绸之路”。据史料记载，公元前 2 世纪，汉武帝为打通到中亚的“丝绸之路”，派张骞出使西域，意外地发现了一条中国西南地区早就存在于民间的国际商贸通道，比北方“丝绸之路”还早开通 200 多年。春秋之前，这是一条南北民族迁徙、民间贸易的自然通道。战国之后，由于商业的发展，这条古道逐渐演化为一条巴蜀商人秘密通商的民间“走私通道”。在公元前 4 世纪，便有驮着蜀布、丝绸、漆器的商队从蜀地出发，直达腾越（今云南省保山市腾冲县）与印度商人交换商品，或继续前行到达伊洛瓦底江上游，越过钦敦江和那加山脉到印度阿萨姆邦，然后沿着布拉马普特拉河谷抵达印度平原。而此时著名的北方“丝绸之路”和同样著名的南方“海上丝绸之路”尚未开通。于是，这条以成都为起点的中印交通线，因以丝绸等国内产品出口，宝石、玉器等境外产品进口著称，且相比北方丝绸之路更近，历史更为悠久，途中又无大沙漠险阻，所以这条通往印度的古道就成了当时中国与外面世界的唯一通道，并被后世统称为“古代南方丝绸之路”。

从这里完全可以看出，茶马古道的版图疆域是阔大的，它远古到人类早期交往的“走私通道”。

穿越时空的马帮铃声

悠悠古道已经随着时光走进历史的深处，那摇曳于崇山峻岭的马帮铃声，从远方传来，又指引我们走向新的远方。那亘古不绝的铃响，穿越时空一直在普洱大地上回荡……

从那柯里走向世界的远方

那柯里或马哭里，无不演绎着一条古道走向世界的远方，何其艰难，何其邈远，但马帮为我们留下了何其多的世间百态。那柯里，在古道的尘埃之中将被人们重新唤醒记忆。

人们都有一种奢望心理，总想着某一天走向世界，走向远方，这无可厚非。而走出去的前提是要有一个起点。生活在普洱大地上的人们都知道，普洱市境内，有三段茶马古道遗址，它们分别是那柯里茶马古道、茶庵塘茶马古道和孔雀屏茶马古道。位于宁洱县的那柯里村至思茅区腊梅坡之间一段，全长约30公里，这是踏访古道最为便捷的一条。

那柯里是很有传奇色彩的，只要你到了村里，当地上了

年纪的人都会告诉你，这里原来是叫“马哭里”。据说由于茶马古道行走惊险，加之马背上驮有重物，当马行至对面山坡时，都会忍不住落泪。此次一走，不知何年何月才能返回。该村由此而得名。那柯里段路面宽 1.5—2 米，多数路段都用人工打制的条石和砾石铺成，是当年马帮从普洱府驻地经思茅至边境县和周边国家的茶马古道之一段。同时，那柯里驿站在清光绪年间也属关哨汛塘之一，称“那柯里塘”，占地约 70 亩。这里设兵 6 名把守，归属普洱府中营左哨头司把总管辖，是出古普洱府南门关后一个重要的茶马古道驿站。古时的那柯里驿站是热闹非凡的，每天人欢马叫，迎来送往，络绎不绝，加之周边都是小桥流水人家，美食琳琅满目，更让南来北往的马帮心生欢喜。他们经常在此驻留检修马掌，随处都可见马灯亮着，饮水石槽边，马饮水声此起彼伏，一片欢然。驿马桥上，人影幢幢，除了谈生意的人之外，也不乏交头接耳谈情说爱之风情。如今，那柯里驿站上还存有一处百年老马店——荣发马店。马店门楣上有一副楹联，颇具深厚的茶马古道文化底蕴，是马帮文化精髓的见证。上联为：关山难越谁为主；下联为：萍水相逢我做

东。从那柯里这个点走向世界的远方，虽然风尘仆仆，一路艰辛，但到了这个马店，你就宾至如归，温暖如家。可以想见当年马店之多的盛况，也可以想见当年那柯里带给商旅们的繁荣盛景。

那柯里完全可以让我们想起“一带一路”的由来。

2100多年前，张骞两次出使西域，开辟了一条横贯东西、连接欧亚的陆上“丝绸之路”。从2000多年前的秦汉时代开始，我国与欧亚国家的海上丝绸之路也逐步兴起。陆上和海上“丝绸之路”共同构成了我国古代与欧亚国家交通、贸易和文化交往的大通道，促进了东西方文明交流和人民友好交往。在新的历史时期，沿着陆上和海上“丝绸之路”经济大走廊，将给中国以及沿线国家和地区带来共同的发展机会，拓展更加广阔的发展空间。

孔雀屏，一个让人浮想联翩的古驿站

在一个小小古驿站，孔雀多、马店多，其中不乏“人店”三五家，也算多了！这是孔雀屏最让人浮想联翩的地方。凡事凡物都用“多”字来形容的地方，总会飘起人世的尘烟，让人记忆和怀念——她的现实与远古，今昔与故旧，怎能敌得过一个小小的孔雀屏？

仅仅就“孔雀屏”这个地名，她就让人浮想联翩。

这个地名的由来，有两种说法，一说是这个村庄所靠的山形如孔雀开屏，另一说法是此地孔

❶ 那柯里驿站全景

❷ 那柯里水磨坊

雀相当多，多到让清代官员收购孔雀羽毛，进贡朝廷，供官员顶戴花翎之用。询问当地的老人，也说二者兼有，不能不说这是一个风水宝地了。

更为有趣的是，孔雀屏这个地方，不仅孔雀多，马店也多，多达 64 家，每家的马店能容纳 120 匹马，而孔雀屏的人往往不叫"家"，却叫"口"，可见当年是个商贾云集、人气鼎盛之地。在孔雀屏，还可以看见每家门前都有一块"滑石板"，也就是说，凡是开马店的人家，大门前的门槛下都会镶上长 1.5 米左右，宽 0.8 米左右的青石板，以防止骡马进出门时踏坏了门前的路面。这样的

茶马古道——孔雀屏

“滑石板”如今在孔雀屏依然随处可见。所以也流传着一句话：“家家门前都有一块滑石板。”延伸意思就是说，谁也不用瞧不起谁，大家都是开过马店的人，都是有一定家底的人。在孔雀屏，滑石板就成了开过马店的重要标志。

据说，前面所言的“孔雀多，马店多”也算不得如何稀奇，稀奇的是，还有几家开的是“人店”。开人店即是开客栈、旅社、宾馆、酒店之意。这些人店便是供南来北往的马帮人、商客、旅人居住的，据说，孔雀屏的人店也常有外国人居住。可见当年的商贸盛极一时，热气灼人！自然，孔雀屏就会留下许许多多让人浮想联翩的情节和细节了。

腊梅坡，一个让人温暖如春的村庄

在腊梅坡，通过上桌的一道道菜肴，便能唤醒你对茶马古道的遐思，人心温暖如春。在吃的过程中，古驿站的如烟往事将呈现给后来的倾听者。如今的腊梅坡，依然风情如昨，它是边地普洱的文化旅行中无法省略的一个标点。

作为古道人的后代，他们秉承了祖辈的性情，见惯了天南海北人来人往，骑马坐轿，贩夫走卒，扛枪持剑，牛帮马

帮，衣着各异，南腔北调。眼前的腊梅坡，宽敞明亮的砖混瓦房井然有序，家家门前铺着水泥路，路面清洁，篮球场、文化室、农家店、广播电视、公共厕所和供排系统一应俱全，家家都安装了太阳能热水器，各种果树和各色花草，把冬日的山村装扮得花团锦簇。房舍周围是各家的菜地，时鲜蔬菜嫩得滴水。村子周围没有壕沟，家家没有围墙，许多东西都随意地摆放在房檐下。白天，大多数青壮年都到山上茶园和箐里的菜地干活去了，待在村里的大多是老人。山水还在，古道还在，腊梅坡人的风韵还在。一座石头牌坊矗立在村头，这是北上茶马古道的门户。石板路顺着山脚，在小竹林和茶园里蜿蜒。源头在白菜地的尖山河，流水从一道石坎上跃下，形成一个小瀑布，又顺着团山箐里流下来，两岸是一垄垄菜地。冬日的茶园正处在休眠期，打了顶的茶树齐刷刷的，像刚理过的板寸。这样来年清明前，茶叶才能萌发得好。一对中年夫妇正在往红红的新土上扦插茶苗，热情地跟好奇的游客打招呼。

对于大多数腊梅坡的农户，茶叶和蔬菜是他们主要的经济来源。茶叶是每天采了卖给加工户，蔬菜则每周一次，凌晨一两点运到农贸市场去倒卖。

古　井

在今天，经营餐饮的人，追求利益最大化者比比皆是。来的都是客。现如今，将乘宝马的和走路来的一视同仁，消费的与不消费的皆笑脸相迎，显现出腊梅坡人朴实厚道的天性。

一桌菜摆上来，丰盛自不用说，那些菜都说不上名。

第一道是汤，橄榄果、理肺散、鱼腥草和莲藕煮猪肺，这些都是中药里清凉润肺的，尝一口汤，酸酸涩涩，继而口舌生津，回味无穷，神清志爽，食欲大开。再吃别的菜，就像吃了神秘果一般，都添了那种吃了橄榄果后的回甘。

第二道是汤，完整的黄鳝卷成一圈，看似马掌，故称马掌黄鳝。乡村田里的黄鳝不大，吃起来骨酥肉嫩，配上山里的作料，尽显黄鳝的鲜。

第三道也是汤，土锅炖土鸡。鸡是山上放养的本地土鸡，从出蛋壳到上餐桌，没有离开过自然状态。早上主人撒把苞谷，鸡们急忙地捡几粒苞谷，就钻进茶园里觅食，饿了吃青草，馋了吃蚂蚱，扒拉扒拉土，肥大的土蚕和蚯蚓多了去了。吃饱喝足，傍晚才陆陆续续地回到鸡舍。这样养的鸡肉，用土锅炖出来，没有家养的那么肥腻，肉质细嫩，那鸡汤特别鲜。

第四道还是汤，豆浆煮鱼头。农家在山里种的黄豆，自己磨的豆浆，山箐水里养的鱼，鱼头的鲜嫩，融在豆浆的清香里，别有一番风味。

这都是农家的家常菜，颇有古道的韵味。这四道菜，每道菜一个字的谐音——“赶（橄）马锅头”，就成了农家乐的特色

菜名。

一顿饭，人们吃尽古道上的山水风情。这长方形炸得焦黄的叫夹沙肉，是用肉片夹豆沙炸出来的，咬一口外焦里嫩，香酥爽口。山里的苦籽果、蕨菜、刺五加、地石榴、大象耳朵叶、酸尖、棠梨花、白花；箐里的小红尾巴鱼、泥鳅、螃蟹；房前屋后的时鲜蔬菜和自家腌制的大刀腌菜、萝卜条、洋姜、藠头、苤菜根。这些食材，没经过中间商的倒腾，没施化肥农药，没喂催长素，没洒水注水，采摘的距离十分近，经他们的手烹调上桌，不仅吃着鲜嫩，吃得放心，还经济实惠。

从这桌菜里，人们品尝到的何止是碗里的酸甜苦辣，人生不也是这么五味杂陈吗？顺境和逆境、苦涩和甘甜、分离和团聚、生存和死亡、成功和失败、高潮和低潮、喜悦和悲痛……就像孪生兄弟一样相伴相生、形影不离。是放大那苦涩之后的回甘、痛苦之后的喜悦，还是反过来，那取决于我们对人生的态度。古道人家的豁达大度、善良厚道、坚韧乐观，给了人们特殊的启迪。

大地上写下的马帮诗篇

在云南大地上，踏出一条浩浩荡荡的商贸古道，这要归功于人与马的共同劳绩，两者缺一不可。

承载过太多，经历过太多，古道的脚步也依然是井然有序的，她用时光的碎片，点亮我们认知的眼眸——茶马古道啊，是大地上一部行旅者写就的诗篇！

当人们在云南大地上铺下第一块垫脚石的时候，时间已为云南大地留下了浓墨重彩的一笔。这是历史的沉重缩影。遥想当年，马帮在古道上行走的盛况，可谓蔚为壮观。马帮少则二三十人，多则上百人。马帮中有领头带队的马锅头，

马群中亦有统帅威望的头马。他们的分工如此精细，各司其职，不越其位，你可以把他们看成是一支训练严格、纲纪严明的小型军队。马帮中无论是马锅头还是其他人，至少要有人懂得各地少数民族语言、草药、吃食、气候、路线、宿营、商谈……为防范路途中强盗或野兽们突如其来的袭掠，马帮人身上的刀枪是必备的随身物，只有这样，他们才能在宿营地睡得安稳妥帖。其实“马锅头”这一称呼意思颇多，马锅头即首领，他除了带领整个马帮，还要和赶马人同吃一锅饭，有时甚至还要掌勺分饭，以示公平公正，具备这两个具体功能的人才配做“马锅头”。马锅头是所有骡马的拥有者，同时也是整个马帮的管理者和经营者，他的综合素质明显要高于其他人，这一点不言而喻。又何为“马脚子”呢，从地位上讲，马脚子大多出身贫寒，有人甚至为了吃上一口饱饭而从事这一行当。表面看，马脚子没有什么社会地位，常人也如此看待他们。他们能吃苦耐劳，出力出汗，甚至铤而走险，这是他们最贴实的一种社会形象，他们也就习以为常了。有了习以为常的心态，他们自然会做得更完好、更妥帖。他们是马锅头雇用的小工。当然，马锅头与马脚子也非单纯的主仆关系，一些

茶马古道上的守望者

小马锅头，他们本身就是朴实的赶马人，也是最诚实的劳动者，他们与赶马人同吃一锅饭，与人低调相处，相依为命。也有一些赶马人，经过长年累月的努力，时来运转了，挣到银子了，说不定就搞定了一两匹骡马。拥有骡马，对赶马人来说，心就安定了，他在这条古道上就走得有主心骨。慢慢地，就会有别的骡马加入，本钱再多些，自然就会收购到更多的骡马，就开始自己找货物驮运，赶马上路，招兵买马，真正做马锅头了。如此发展下去，开始是小马锅头，做着做着，就成大马锅头了，这就是赶马人的命……

茶马古道上的风景，不只有马锅头与马脚子所独揽。仅仅承认人的功绩是不道德的、不公平的，那就说说马吧，所谓马在古道上留下的“汗马功劳”。在这条绵远千万里的古道上，马匹同样是一个不可或缺的元素。应该说，是马的承受

拴马桩

力和人的脚力共同完成了这一壮观的人间奇迹。很大程度上，马帮的形成在西南地区而言，与自然环境有着直接关联。在交通不便的年月，运送货物只能靠牛马、背夫来共同完成，而马是最佳选择。在有经验的马锅头心中，他们会做出两种选择，一是选用永北的凉山马，此类马以能驮重物、善爬山出名；二是选用云南的矮种马与驴子交配后产下的骡马，此种骡马的优点就相对多了，身体壮、灵活轻巧、善粗食，特能吃苦耐劳、善解人意、听从指挥，最主要的是具有聪慧的识路本领，这是马锅头最最上心的地方……马的身上竟有那么多的学问，这是让许多外行人无法领会的。说到马帮，亦有不少话题。成规模的马帮，建制就更为严密，最关键的是要选出头骡、二骡、三骡。这三位是带路的，是统帅，象征着某种权威，它们都是识途老马，是深得马锅头赏识的，当然也职责分明，各司其职。头骡要识辨路、驮重物，二骡驮药物，三骡是马锅头的专座，有病号时让给病号。马帮队伍后面还得跟着一匹尾骡，既不能掉队，还得紧跟压阵脚……马帮话题，仿佛茶马古道一样悠长。总之，人和马在古道上相互依存，是一个系统、一个方阵，一个不能分割的血脉肌体。

镇沅九甲风雨桥

马脚子

还有一点是不能缺漏的，马帮里的贴身护卫——家犬或藏獒，它们亦具备探路本领，机警、灵敏、聪慧、勇猛，有着超常的体力、耐力，几乎可以和一般的小型兽搏斗。马帮在行进中若有异常动静，在护卫这里会提前得到预知，它们会从一株野草、一粒石子、一串脚印、一缕风尘中捕捉到蛛丝马迹。马帮的护卫总是跑前跑后地奔忙，乐此不疲。阳光洒下来，总能照到它们闪展腾挪的身上。

不可或缺的马帮文化

在普洱，马帮文化是有渗透力的，只要细细探究，它已经植根于各民族的日常生活中了。在马帮文化的坐标谱系里，我们又可以看见民族文化交融的纵横脉络。

说马帮文化，未免太过高蹈，不如说是马帮行进中所形成的教条帮规。纵观马帮出行的禁忌，主要有这么几点：一、不能乱说；二、不可乱为；三、出行有忌；四、骡马有选；五、衣食有禁。

马帮人交谈都有自己的行话，碰到不吉的数字，则以其他字替代。如“三”谐音“丧”，则以“神”字代之。有些字音含凶意，则采取回避或替代的方式，如“虎”称高鹰，“蛇”称老梭，“狼”称山兵，“锅”叫祖师，“饭”叫钢等，即为不能乱说之列。又如不可乱为的事体为，做饭转锅时，只能

逆时针方向缓缓移动；架锣锅的石头不能乱敲，哪怕你磕一下也不行；添柴禾要从一个口顺着添，亦不能颠倒顺序；吃饭时先由锅头揭开锅盖，第一碗饭也要由锅头添；舀饭时也不能一勺子到底，要从饭表层一层层舀下去；头碗饭不能泡汤，怕出行碰到下雨天……出行有忌主要指生肖属马日严禁出行，农历腊月、六月忌出远门；按方向有“春不走东，夏不走南，秋不走西，冬不走北”的行规。马帮严格编队出行，所以就有“骡马有选”这一帮规了。忌马额有白，马耳前倒，马背生旋，白蹄白尾，鼻孔朝天，忌属马役马，忌马穿过羊群，忌当生人面前数马，忌半夜马嘶骡吼，忌马脖带草藤回家。“衣食有禁忌”者主要指衣服款式以宽大为宜，忌穿红黄二色衣服，忌扣错扣子和袒胸露怀，忌跨过草帽，忌乱扔草鞋，忌吃饭串门，忌吃饭坐门槛和马鞍。马帮开饭时，不论碰到何人，都要邀人同食，即便碰到飞禽走兽经过，也要抛撒食物饲喂。

其实，这些不可或缺的马帮文化，这些教条帮规，已潜移默化地渗透到人们的日常生活中了。

最后的“马锅头”杨春林

渐行渐远的普洱往事

所有的往事都充满着历史的温暖，翻开普洱往事，我们看到了这片深厚的大地上曾经发生的美丽和苦难。继往开来，在让这片大地变得更加富饶兴旺的征程上，我们需要留下她亘古原在的柔软和美好。

探险家眼中的澜沧江——湄公河流域

在法国探险家眼里，澜沧江——湄公河是一片未曾开垦的处女地，人迹罕至的秘境，他们在《加内报告》里淋漓尽致地描述了此番情形。倘若有人认真读过《加内报告》，你又会深切感知到，你所寄居的这片土地，曾被异邦人所猎奇、窥视……从而你更加热爱脚下的这片热土。

18—19 世纪，欧洲列强通过各国的海外殖民部、外交部或东印度公司等多次向云南派遣各种身份的“植物猎人”“探险队”“考察队”，他们将云南看作是“人迹罕至的秘境”“地球动植物的避难所”“喜马拉雅山以南动植物迁徙的走廊”。如英国的罗伯特·福琼、“采花领事”福雷斯特、弗兰克·金登·沃德以及近代的文字学者洛克等多人都充当过“植物猎

澜沧江

人”，采集过云南的茶树标本和数以万计的植物资源。还有那些名噪一时的“探险队”“考察队”，他们的报告一经在欧洲发表，都引起强烈反响。其中最典型的是1866—1868年法国人安邺为队长的湄公河探险队，他们的《加内报告》和路易·德拉波特的插画广为流传，使欧洲社交界以谈论神奇的云南成为时尚，而考察茶叶贸易也是他们的主要目的之一。

生活在普洱大地上是多么的幸福。就像那支法国探险队在《加内报告》里所描述的那样：“从喜马拉雅山往下，好像人类从巴倍尔塔下来一样，出现了数不尽的民族，讲无数种语言，他们基本上是顺各条江河的河谷而居住，而迁移。如果说那些民族最终到了大海，形成了民族的话，那么还有更多的部落在山里转，在他们的摇篮——中国的西部一带辗转，一些到了东京，老挝和缅甸北部。”从加内的描述来看，他是一位对人类学充满了高度热情的人，他的文字让我们重新认识自己生存的土地、村庄、河流、植物、动物……一切在大地上生存的事物，都给了我们一一的展现与回放。《加内报告》又写道："一直在本地区实施有效控制的中国这些年来慢慢衰退。三个老族王国中，景栋和孟勒早已脱离中国，而在景洪，中国的影响也与日俱减……由于不满足已有庞大的领土暹罗国王对这三个王国也多有觊觎。"解读加内的文字，很容易让我们想起中国诗人于坚的写作，他让我们同样想起云南地理上的一些事情。

于坚通过他的诗歌与散文，让更多的人认知到东南亚与南亚这些与中国毗连的国度。当他在写作的时候，我们或者包括于坚都可能没有意识到，他用中国的古老汉字，打通了国境与国界。"水泥大桥在澜沧江出现是20世纪的事情。它曾经是一个神话，在20世纪50年代，它就像外星人一样受到土著们的憧憬，当大卡车从水泥大桥上滚滚而过的时候，横断山脉的封闭时代就结束了。"于坚是在述说澜沧江流域到湄公河的文明，他用许多生动的细节讲述一种原生与现代的文明，这是被人们的视线所遮蔽的，也只有于坚才能发现。对于山脉、河流、村庄、城市，他同样有着重大的发现——"横断"导致了强势文明在这个地区束手无策，无法一化了之。横断山脉形成的天然屏障，有效地保护了各民族独立的生活世界。此地区西有印度，北有中国，都是古代通化力量最强大的文明，夹缝中的横断山脉，却保持了各式各样的小型文明单元。"不与秦塞通人烟。"世界上没有哪条河流的两岸像澜沧江流域这样散居着众多的民族、部落、信仰、语言、服饰、风俗、生活方式……如果从于坚的视角，普洱同样存在着这样的"小型文明单元"，墨江成为全国唯一的哈尼族自治县，澜沧同样作为全国唯一的拉祜族自治县而存在。这在普洱市也是独一无二的，还有西盟的佤族，这些民族现象与文明，是另一个值得深究下去的课题。至少于坚给了每个普洱人深刻的启悟。

考察队在思茅行医图

路易·德拉波特笔下的边地时光

一位名为路易·德拉波特的法国海军军官、探险家、画家，在普洱大地上，用他的画笔无意中留下了许许多多琐碎的边地时光，这是他给普洱研究者们提供的最重要的“文本贡献”。在边地阳光中，画笔的起落间，他也许没有想到这些，他只是一心一意地把普洱山水镶进了画纸里。为当年的普洱府、思茅等地留下了十分宝贵的记忆。不知他在别的地方画过什么巨制佳作，这人们就不得而知了。他把普洱这块土地和人物一笔一笔画下来，似乎是他命中注定的事情。一个西方人来到东方中国的云南边地，竟让他那么着迷。他应该是在思茅明媚的阳光中落下第一笔的，他是完全没有想到，

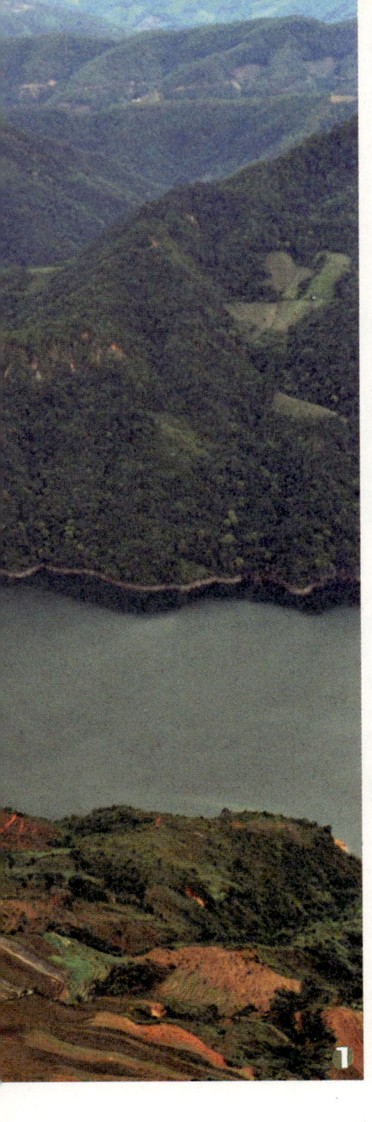

他给这些普洱的后人留下了一笔珍贵的精神财富，这并非夸张，正是恰如其分。因为他并非本土官员，画不画写不写都不是他最紧要的事情。他在思茅生活的时光里，连语言使用上都向思茅话靠拢，咿里哇啦中夹杂着本土方言，但人们一定知道他的身世。他地地道道是个老外，络腮胡，蓝眼睛，黄头发，这是最能够让人们记住他体貌特征的一点。

其实，许多普洱人注定要在边地深处的某个县区待下去了，从出生直至终老，这不容置疑。若有人反问思茅的某个人，你对“金腾冲，银思茅”有几多了解，他们也许只能说出几个关键词：老照片。茶馆。会馆。古道。古镇。但也未必能一一说全，尤其腾冲。要述说一座城市，自然免不了要说说她的历史渊源，没有无本之木，无源之水。在本土史志类书籍中，思茅是有几张老照片的，但也是所存寥寥的几张，足见物以稀为贵。这些图片分别是《思茅厅》《思茅厅东角》《一百多年前的普洱风情画》《普洱古府》以及一些系列人物画。让人们惊讶的是，这些图片的作者不是当地土著，而是不远万里来到思茅的法国人路易·德拉波特。也就在 1887 年，他把普洱府也揽入怀中，成了他的卷中佳作。所谓思茅厅，大抵是一种官办体制，类似当下的商贸局、商总汇、烟办茶办之类。据有限的资料表明，当年随着普洱茶声誉和商贸的不断扩大，清王朝加紧了对云南边地尤其是茶马古道沿线的治理。于是在雍正年间，对澜沧江以东的广大地区实行了“改土归流”，并于雍正七年（1729 年）设立普洱府，建立流官体系，加强了对所属一县三厅的治理（宁洱县、威远厅、他郎厅、思茅厅）。真正设立思茅厅是在雍正十三年（1735 年）。在思茅的茶马互市中，朝廷认为耗费茶叶多，换取马匹少，弊多利少，毫无油头，得不偿失，于是终止了原有官方经营的茶马贸易。然使私人经营的茶马贸易勃然兴起，并在同年设立了思茅厅。关于思茅厅，每个普洱人、思

❶ 湄公河上游——澜沧江

❷ 思茅街景

在思茅城的东角

茅人，应该会对这几张老照片感兴趣，这应该不算斗胆妄言。他们甚至会对这个法国老外感兴趣，一个海军军官，他不在海域上指挥自己的舰队，神颠颠、远迢迢跑到中国的边地思茅，不务正业，舞文弄墨，画起了思茅。当然，真正要说不务正业，还在于他的军人身份，你不坚守岗位，却一门心思痴迷在别的行当上。好在他还有一个头衔支撑——探险家。既然是探险家，那就可以天南地北地满世界跑，天王老子都管不着。在这样一个网络时代，人们也很难对他准确地锁定身份——我把路易·德拉波特输入搜索框，跳出来很多个德拉波特，看了半天，还是茫然、徒劳，不知哪一个是当年到过思茅的德拉波特。但他们还是一口咬定他，是他画了思茅，以绘画文本的方式定格下来，让他们看到了当年思茅一派繁华的景观。从他画的思茅厅来看，可想见当时思茅的繁盛气象，厅庭阔大浑圆，铁围栏护拥。三级台阶，从一到三，从大到小排列，符合了中国古代哲学思想中“一”为大的定数。第三级台阶之后竖立着门牌坊，也就是三扇门，中间高，左右相等，顶端呈三角形，门牌坊高出圆形围栏以及周边所有的建筑物。这种高在一定程度上，象征尊

严、至高无上、唯我独尊等等。牌坊两侧是依次排列建造的房屋，看得出，这应该就是供客商们交易用的业务作坊。乍一看，人们会懵懂地觉得，这是英法式建筑。如果再细致看，第一台阶上还坐着一个人，手执杖斧，威严以待，身旁置一罐子，不知做何用途。但也很难判断此人的身份，说他是护卫又不像，他干吗在台阶上席地而坐？说他是乞丐吧，他和杖斧相依，显出一种威仪……人们读画读到此处，便看得出德拉波特的独具匠心。管他是看家护院的门丁也好，还是流落街头的乞丐也罢，人物是必须在画面中出现的，这毋庸置疑。人是这幅画的主宰。他们不知道德拉波特在军事与探险上有什么显赫的业绩，但从职业画家的角度看，他是称职的、敬业的、一心无二的。他的这幅画，很容易让他们联想到张择端的《清明上河图》，并为这位画家的才华所倾倒。画面上，画家画了1600多人，每个人物各有特色，绝不雷同。这还不算，画家把几处细节画得十分传神逼真，有一个特写是这样的——有一乘官轿闪出，旗子上书着“肃静”“回避”，准是官人出行。路正中，有一小孩玩耍，年轻的妈妈怕孩子被马踩到，旋即把孩子抱起……而无独有偶的是，两位画家的生平事迹却如此简单，如张择端在《清明上河图》背面留下的，也仅仅是百把字：“翰林张择端，字正道，东武人也。幼读书，游学于京师，后习绘事。本工其界画，尤嗜于舟车、市桥郭径，别成家数也。按《向氏评论图画记》云：‘《西湖

❶ 思茅宏伟的文庙、状元桥和牌坊（现思茅一中内）

❷ 思茅街头

争标图》《清明上河图》选入神品。’藏者宜宝之。大定丙午清明后一日，燕山张著跋。”德拉波特呢，更是简而又简了：“法国海军军官、探险家、画家路易·德拉波特。”算上标点，才23个字。

历经风雨的思茅海关

思茅海关曾让普洱茶名噪一时，声名远播，她在风风雨雨中写下了历史的荣辱与沧桑。记住海关的设立与撤关，我们便会记住普洱茶的风云变幻。她和全国各地大大小小的海关一样，承载着同样的荣兴使命与职责。

思茅海关的设立促进了普洱茶的对外贸易，这是不争的事实。

清光绪二十一年五月二十八日（1895年6月21日），清政府与法国在北京签订《中法商务专条》，其中第三条规定：“议定云南之思茅开为法越通商处所。”光绪二十三年正月初三（1897年2月4日），英国又强迫清廷在北京签订《中缅条约附款十九条》，其中第十三条规定：“将在思茅设立英国领事馆驻扎。”根据以上条款，1897年1月2日，法国在思茅设立了海关。1902年5月8日，英国在思茅设立海关。据当时海关统计，由于国内外市场需求旺盛，思普区茶叶丰收，出口茶免税，民国二十八年（1939年），经思茅海关出口的茶叶已高达15435担，价值金额达32.92万国币，占当年全省茶叶出口总值的96.19%。但由于瘟疫、茶商外迁，加之1941年太平洋战争爆发等因素，思茅海关的茶叶出口贸易受阻，至民国三十一年（1942年），基本停止了出口，直至1948年，存在了近半个世纪的思茅海关撤销。

思茅设立海关后，茶叶加工出口销售繁荣。光绪年间，思茅城区加工茶叶较有名的是同仁利、恒盛公、裕泰丰、信和仁等几家商号，每户有揉茶灶两盘，每盘灶年加工茶叶少的四五百担，多的高达千余担，加工出口的茶有圆茶、方茶、紧

团茶、双喜茶等。

民国三年（1914 年），普洱道署由宁洱迁驻思茅，思茅成了普洱道的政治、经济、文化中心，商业发达，仅思茅城区有制茶商号 22 家，年制茶一万担左右。商业市场在城外南门正街，教场坝即是海关的报关验货之地。东门外沿城埂至南门的顺城街，都是开设人马客店，连接顺城街的新兴街，又多是与茶叶贸易有关的手工业，木匠、皮匠、铁匠等，经营马帮所需的鞍架、皮革、铜铁制品等。

民国十五年（1926 年），普洱道署为避瘟疫，由思茅迁回宁洱，有的商号茶庄也陆续迁往倚邦、易武、江城、勐海。20 世纪 40 年代初，太平洋战争爆发，日本南侵，南洋交通受阻，兼之疟疾流行，道路不靖，商旅裹足，思茅茶业衰落，商庄商号逐渐歇业。而在 20 世纪 30 年代茶庄兴盛后，能维

思茅一瞥

持到40年代后期的是以何璞生为庄主的鼎春利茶庄，在众多茶庄中，是歇业最晚（1948年歇业）的一家。

1993年7月，国务院批准开放云南思茅港口岸，同时批准在思茅设立海关机构。1999年12月云南思茅海关开关，正式办理海关业务。

如今，思茅的真正复兴，是可以从城建、卫生、交通、能源、教育、文化等方方面面体现出来的。这是一个朝着“智慧”城市发展的边地小城，她的规划格局完全符合人性化设计，突出人文关怀、生命观照。别的不说，从硬件设施而言，她已经找到了展示魅力之城的途径，从一条旅游环线开始，她就匠心独运地打开“家底”的百宝箱，从常规开放性的洗马河公园、梅子湖公园，直到普洱茶主题公园、太阳河国家森林公园，她通过实力不断提升着城市的品质与品位，是一座生态城市必须具备的“智慧”框架。当你徜徉在太阳河公园，在那样一个让灵魂私奔与放飞的地方，你被高负氧离子重重包裹的时候，你才会明白，你已经处在一种让精神与身体同时吸氧的澄明之境。

是啊，边地深处的普洱时光，被阳光慢慢照亮，清晰了起来……

鸡鸣三国的极边疆土

在中国版图上，真正要找到“鸡鸣三国”或“一脚踏三国”的地方还真是一道难题。但难题总要有人破解，生活在云南江城县或到过江城县的人就会豁然明了。这里就是一个鸡鸣三国的极边疆土，这里让你感受到生活在一个强盛国度的幸福感与尊严感。

一座城有一座城的历史，一个人有一个人的经历，普洱各县区都深藏着许多不同凡响的地方。

有人说，到了普洱市，不到江城走一遭就枉然了。此话不假，毕竟江城就处在“一眼望三国的地方”。当然，此说也有多种阐述。比如，你将进城的时候，猛一抬头，在公路的崖壁上会闪出一行字，这里一定要用“闪”字来形容，才能把这种突如其来的意外表现得淋漓尽致，这行字绝对有着一种大气、霸气和底气——一城连三国。

江城一位从事写作的哈尼土著十分炫耀地讲过一件小事，说到老挝、越南那是小菜一碟的事情，你们墨江或景（东）景（谷）镇（沅）的人就一定稀奇得不得了。我少年时代放牛，常常是这样，早上从江城这边把牛赶出去，那牛也识路，吃着草吃着草就到老挝那边的地界，并且到了我外婆

家的房前屋后，我在外婆家吃好晚饭，再把牛赶回来……听者那时的羡慕可想而知，连江城的牛都见过世面，离开家门，出国风光一把。后来听众们一再核实，这位哈尼族土著，他外婆家真就在老挝那边……世界真的在他们眼前缩近了！又有一事，几位猎奇的外地人，开着汽车，一群水牛在公路上慢条斯理地走着，吧嗒吧嗒，吧嗒吧嗒，按喇叭也依然以"慢条斯理"的速度走，这种机器发出的声音居然吓不跑牛！牛们的意思很明白，我们见识过的比你们多，用什么现代化的大家伙来吓唬，没门！然后继续悠悠然走它们的路，连牛头都不回……

但当人们面对江城勐康口岸的时候，同时会面对许多关键词：丰沙里，勐赛，琅勃拉邦，万象，万荣，佛像，老挝啤酒。你只有这样一个词一个词地触摸它们，并进入它们的核心部位，才会真正了解这个国度，这个国度人们的温度。在许多外人看来，老挝这样的国家，同样是边地深处的国度，是常常被人遗忘、遗弃的，人们

只有想起旅游的时候，想猎奇地看看这个国家的人民是如何生活的时候，就奔那个地面去了，当然是好奇的成分居多。先说说丰沙里省吧，这是老挝最贫穷、最落后、最封闭的一个省份，它的贫困人口占了近50%以上。这个省里，最有诱惑力的就是生活着一群露奶族，当然这是江城人的说法。其实它是中国哈尼族中僾尼人的一支。严格地说，它是老挝山地民族的老听族。说老听族的妇女常把右奶露在外面，是给别的男人摸的，而左边那只留给自家男人……其实这完全是误传，她们露奶，有气候炎热的因素，也为了方便给孩子哺乳。勐赛，是中国到万象的一个必经之地，也是乌多姆省、琅勃拉邦省、丰沙里省、南塔省、沙耶武里省、波乔六省的交通要道，同时是通向越南、泰国及中国磨憨、尚勇等地的交通枢纽中心。也是出于好奇吧，几位外地的摄影爱好者，他们是朋友，相约着去了一趟勐赛，专心专意去的勐赛。街道安静，灯火寂寥，旅馆稀少，他们心里有些落寞。当他们住进旅馆，一下子感受到老挝建筑的艺术魅力，用料高档，全是老挝本土出产的酸枝红木、花梨木等。他们说，在高档木材中睡眠，梦都做得踏实、香甜，那是他们的异国一梦，记忆犹新。琅勃拉邦，是老挝的历史文化古城，1995年被联合国教科文组织列入世界历史文化遗产名录。她永远留给你

❶ 江城红恋

❷ 江城县三丫果节

鲜花常开、青草常绿之感，她留给这个古城的永远是鲜活状、生猛态。这是个真正的佛都，在湄公河畔，或者别的什么地方，满眼都是寺庙与佛像。

时光是有脚步的，边地深处的普洱时光，已悄悄挪移到东南亚各国了。

没有到过普洱的人，很难意识到，一条远古的茶马古道，或者几条通往东南亚南亚的口岸，竟然与“文化渗透”息息相关。当你深入普洱市的孟连、澜沧、西盟的时候，你才会幡然醒悟，必须重新审视脚下这块土地，她集中原文化、外来文化、地域文化、民族文化以及藏传佛教与南传上座部佛教文化等于一体，多元的文化荟萃给外界的人摆的是一桌“文化盛宴”。它需要花掉一定的时间碎片才能消化。“文化渗透”不是一时能够看见看清的，看得泾渭分明的，但在普洱这样一个多民族聚居的区域，人们得

留意这样一种边地文化现象，尤其在婚姻、食谱、习俗、服饰等方面，它呈现出你中有我、我中有你的大融合。所以诗人于坚又如是说：“知足是各民族的生活真理。各部落合而不同，很少通过武力来争夺地盘。各民族对他民族的信仰、生活方式彼此尊重，天经地义。从来没有出现将其他民族的信仰视为异教予以消灭的情况，就是外来宗教进入也是和睦相处，接纳、宽容，一笑置之。”边地普洱的文化现象，其实他已经心知肚明，有了真知灼见，只是要考虑怎样去表述而已。

❶ 一城连三国——江城县

❷ 一脚踏三国——中老缅三国界碑

第五章
一座丰碑镌刻的铮铮誓言

普洱大地上，巍然屹立着一座古今少有而独具特色的血染丰碑——“民族团结誓词碑”，这块碑再次让普洱骄傲和自豪。它是一座丰碑镌刻的铮铮誓言，是经受了血与火考验的普洱民族团结的历史见证，在全省乃至全国产生了巨大的影响。民族团结，互通有无，你中有我，我中有你，其乐融融，和谐相处——这便是边地普洱最具民族凝聚力的一个表征。更重要的是，边境线上的疆域稳固，彰显出了每个兄弟民族的心理意志，他们的内心都深藏着一种深厚的家国意识。

流金溢彩的诗意边陲

从历史的漫漫长河中一路风雨兼程的普洱族群，在时序的阴晴圆缺中，在世俗的悲欢离合里，结成了相似的精神价值取向和相近的生活方式，凝结为包容开放团结拼搏的集体气质。

在祖国版图的西南边，静卧着一块呈平面三角的地形——普洱，这里生活着14个世居民族，他们与山水相依，与草木为邻——念天地之悠悠，普洱茶曾抚慰过各兄弟民族的心灵——一万年何其修远！他们创造的地域文明与民族芬芳，又仿佛近在昨天与眼前——一块盟誓丰碑，镌刻了48人的誓言与名字。也许，汉文写下的是国家意志；也许，傣文写下的是民族团结；也许，拉祜文写下的是社会和谐；也许，还会有更多的意义来阐释。

深厚的源流

在普洱浩瀚大地上，长久繁衍生息着汉、哈尼、彝、拉祜、佤、傣、布朗、回、白、苗、瑶、傈僳、蒙古、景颇14个世居

民族团结誓词碑

民族，他们长期共生、共存、共荣，耕耘和守望着这片极边宝地，创造了辉煌灿烂的历史和文化。现今，全市总人口有260万人，少数民族人口占61%，哈尼族、彝族、拉祜族、佤族、傣族是人数最多的5个少数民族，人口都在14万以上。全市有一区九县，9个县为民族自治县，其中澜沧是全国唯一的拉祜族自治县，墨江是全国唯一的哈尼族自治县，西盟是全国两个佤族自治县之一。普洱，是一个名副其实的边疆多民族聚集区。

从考古的资料中得知，早在人类社会的童年——新石器时期，普洱境内便出现了人类活动的痕迹。现今，生活在普洱境内的 14 个世居民族，除了佤、布朗等族世代居住在这里外，有的从青藏高原经历了漫长“游牧迁徙”到了这里定居，有的从东南、中南水乡泽国辗转而来，有的是随军征战屯居或从事农、商活动而落籍普洱，还有的是为了逃避封建专制政府的残酷镇压进入普洱隐居的内地各族的后裔。大部分外迁民族是在明清时期从各地先后入住定居普洱。无论何种原因离开故地，漫长的迁徙过程都不同程度地产生分化和融合，最终形成今天普洱 14 个世居民族大杂居、小聚居、交叉杂居的格局。

普洱的土地是广饶的、肥沃的，这里的高山、河流、平坝如诗如画，充满绿色的生机，是人类理想的栖息之地。汉族、傣族、回族、白族等大多居住在坝区、半山区和河谷地带，哈尼族、彝族、拉祜族、佤族、苗族、瑶族、傈僳族、蒙古族、景颇族等大多选择在山区、半山区居住。无论居住何地，他们都有生活的法则，彼此形成自己的生活空间和势力范围。普洱地处边陲极地，虽然和内地的交往从来没有停止过，但山高路远，交通闭塞，阻碍了和外界的更多交往，各民族的发展极不平衡。在 1949 年以前，普洱各民族分别处于原始社会、农奴制社会、封建领主制社会、封建地主社会等不同的社会发展阶段，堪称人类社会历史发展与变迁史上的“活化石”。

在长期的历史发展长河中，移居这里的各民族，虽然勇敢彪悍，然而流淌的血液却异常平和，很少血脉贲张。他们懂得珍惜，懂得与上天赐予的大自然和睦相处，演奏出最和谐的音符，保住了一方水土，留给了后人一个珍贵的栖息之地。同样，在民族与民族间、人与人之间的相处中，他们也懂得“和气致祥，乖气致戾”的朴素道理，很少出现兵戎相见、大动干戈、掠夺仇杀的窘境，形成了和睦相处、团结互助、荣辱与共、血脉相连、难以分割的默契。

普洱民族众多，古老神秘，民族文化多姿多彩，历史文物珍贵灿烂，民风民俗独特神奇，茶文化古朴深厚，是一个民族文化资源矿藏的富集地。普洱民族传统文化艺术具有丰富多彩、色彩斑斓、相互借鉴融合而又各具风格的特色。

民族节日

走进普洱，你会感受到民族节日的多彩多姿与神秘浪漫。这里的节日可以说如同山里的百花，难以计数。从每年的春暖花开到寒冬腊月，从河流穿息的坝子到深林密布的山里，咚咚的鼓声，悠悠的琴弦，欢快的歌曲，纵情的舞姿，幸福的笑容……是经久不息的节日再现。各种原汁原味的民族节日如百花争妍，竞相绽放。普洱各民族的节日，既有共性也有个性，受汉族的影响，许多民族都有过春节、元宵节、端午节、中秋节等习惯，而在相互的借鉴和影响下，许多民族都同样有过泼水节、火把节、新米节等民族节日的习俗。只不过在内容和形式上加入了本民族的文化元素和风俗习惯，使之成为自己的节日。它体现各民族之间相互学习、融合，和睦相处、共生共存现象。当然大多数的民族还是保留了自己独特的别具风格的节日，如哈尼族的十月节，彝族的火把节，拉祜族的葫芦节，佤族的拉木鼓节，傣族的泼水节、神鱼节、采花节，布朗族的桑康节等。这些节日已有几百年的历史，有的甚至经历了上千年的岁月，成为深深植根在大地上的一种文化现象，是中华民族大家庭的文化宝库。

在民间，从过去到现在，各民族世世代代都保留着一到时间，无论年成好坏、收成如何、祸福怎样都要过节的传统习惯。

汉族在节日活动方面，既保持着春节、元宵、端阳、中元、中秋等传统节日，也与兄弟民族一起过火把节、泼水节等；哈尼族有祭母节、祭竜节、火把节、新米节、春节和十月节（过哈尼年）等节日；彝族的节日以春节、火把节、祭竜节最为隆重盛大；拉祜族有春节、新米节、端午节、火把节、中秋节、葫芦节等节日；佤族有拉木鼓节、“便克”节、插种节、新米节等节日；傣族有泼水节、神鱼节、采花节、关门节和开门节等节日；布朗族有桑康节（新年）、春节、祭竜节、关门节和开门节等节日；瑶族有盘王节、新年、祭猎神节、打斋度戒节等节日；回族有开斋节、古尔邦节、圣纪节等节日；傈僳族有春节、火把节、祭亡灵节、龙花会等节日；苗族有春节、采花山节、吃新米节等节日；景颇族有春节、新米节等节日。

这些节日，经过风雨的洗刷、历史的检验、时代的考量，成为普洱文化知名品牌。他们风格各异，主题鲜明，特色浓郁，没有重复，在对外宣传，尤其与周边国家文化交流中焕发出新的光彩，弘扬了民族优秀文化。影响较大的有中国普洱茶节、普洱民族文化旅游节、中国墨江北回归线国际双胞胎节暨哈尼太阳节、中国·孟连娜允神鱼节、西盟佤族木鼓节、澜沧拉祜族葫芦节、中老越三国丢包节、景谷傣族采花节和彝族火把节、中国普洱茶马古道节、景东国际无量山狂欢节、镇沅拉祜族畲葩节、思茅云仙大芦山“青菜节”等。

普洱的歌舞

数以万计的民间歌舞，深深根植于不同地域、不同民族，沉淀着历史人文、风情习俗，枝繁叶茂一如各民族借鉴融合般相得益彰。不知从何时起，在普洱民间，广泛流传着“会说话就会唱歌，会走路就会跳舞”的口头禅。古往今来，普洱 26 个民族、14 个世居民族，创造了斑斓多彩的歌舞。其中，以哈尼、拉祜、彝、佤、傣 5 个人口较多的少数民族歌舞存世最多、流传最广。

哈尼族的民间歌舞，异彩纷呈。哈尼人说“满坡梯田是歌声唱绿的，满地庄稼是伴舞而生的”。说起哈尼族民间舞蹈，因地域不同，表现样式也不尽相同。主要流行的有“嘎尼尼”“扭鼓舞”“扭锥”“打莫撮”“阿迷车”“摆手舞”“竹筒舞”等。这些舞蹈要么为节日庆典而跳，要么为社交活动而跳，要么为祭祀活动而跳。哈尼族民歌按不同曲调分为哈巴、阿哧、仪式歌、然古宅四类。

彝族的舞姿潇洒激越，令人百看不厌；彝族的歌声魅力独具，令人心潮起伏。在普洱，彝族舞蹈有 100 余套路，具有欢快热闹的特点。如三跺脚、三弦舞、跳菜舞、烟盒舞等，广泛盛行，是深受群众喜爱的一种民间舞蹈。每逢节庆日和农闲时都要跳，特别是火把节时，跳得更为热闹。彝族民歌种类繁多，最为流行的是唱山歌，按体裁、表现内容、演唱形式的不同分为跳歌、小曲、山歌三大类。

拉祜族个个能歌善舞，有史可查的舞蹈活动状况始见于清代诸文献。文献记载：拉祜族“亲戚会饮，吹笙为乐”“醉饱歌舞”“男女杂聚，携手成圈，吹笙跳舞”。拉祜族舞蹈内容丰富，具有很大的想象空间和表现力，反映了人们生产生活情景或动物的鲜活世界。芦笙舞和摆舞流传较广，拉祜族男女老少都会跳，民谚“谷子黄，拉祜欢，山山岭岭芦笙狂”，就是拉祜族歌舞盛况的真实写照。说到拉祜族，就不能不提拉祜族歌曲。在耳熟能详的经典之作中，除了《婚誓》，还有《快乐拉祜》《实在舍不得》等。这些歌曲唱红、唱遍大江南北，震撼了全国。

傣族是水的民族，无论是舞还是歌，都诠释着水的柔美。其最具代表性的舞蹈“嘎光舞”“象脚鼓舞”“孔雀舞”，就反映出这种与生俱来的特质。每当节日来临，傣家人就要敲响象脚鼓，并在象脚鼓的伴奏下翩翩起舞。傣族民歌以优美抒情见长，它的特点是歌词长短不拘，旋律悠扬舒缓，表现的内容十分广泛。孟连傣族《宣抚礼仪乐舞》最具代表性，它较完好地保存着数百年来傣族民间和官场音乐的基本面貌，乐器、乐曲和舞蹈具有鲜明的民族特色，是傣族民间传统音乐舞蹈的瑰宝。

阿佤人高兴时有歌舞，悲伤时有歌舞，喜怒哀乐多种情感都有不同的歌舞表达。据不完全统计，普洱有佤族舞蹈 21 个种类，207 个套路。它真实、形象、生动地反映着客观事物，再现了佤族历史。同时，也折射出民族心理、性格和审美意识。在许许多多的舞蹈中，木鼓舞是佤族最具代表性的民间传统舞蹈，被列入中华民族 20 世纪经典舞蹈，载入我国艺术史册，是佤文化的标志之一。甩发舞以它那独特的风格，刚猛的动作，抒写着力的史诗，有着惊鸿一瞥的美。她甩到了大江南北，甩出了国门。

普洱乐器

在歌舞的汪洋恣意中，众多琳琅满目的普洱民间乐器也应运而生。长期以来，由于民族相互杂居和往来，特别是受汉民族文化的影响，在民间器乐上形成了借鉴融合而又各具特色的特点。有些器乐属于共有或基本相同，当然各民族也有自己独特的器乐。广泛流传于民间各民族中的乐器有三弦、芦笙、唢呐、二胡、独弦胡、得器、葫芦笛、大鼓、扬琴、巴乌、葫芦丝、筚篥、多罗、口弦、口琴、吉他、哔噜、佤笛、拜、巫委、象脚鼓、铓、镲等等。就各民族的独有或特色器乐来讲，哈尼族主要有牛腿琴、巴乌、金竹哔噜、稻秆哔噜、响篾、哨笛、叶子、小三弦、牛脚弦、牛角胡琴、牛皮大鼓、竹筒等；彝族主要吹管乐有长号、口弦、唢呐、芦笙、地芦秆、大嗡筒、小号等；拉祜族主要有葫芦笙、芦笙、哩嘎都、响篾、稻谷秆笛、哔噜、象脚鼓、铓等；佤族主要有四孔佤笛、瓦弱（直笛）、乌（破口直箫）、得（单簧吹管）、牛角号、独弦琴、竹筒鼓、铜鼓、木鼓等；傣族主要有筚（瑟）、葫芦丝、牛角号、木叶、省、牛角琴、象脚鼓、铓、锣、镲、嘎拉萨等。这些乐器，经民间艺人吹拉弹唱，就变成了美妙绝伦的天籁之声，彰显出他们的高超水平。

普洱各民族的美术观念源于原始信仰活动，往往用于文身、装饰、刺绣、织锦及从人身上引用到布幅、板壁和房屋

自制的三弦

建筑绘画图案上，也扩大到生产工具、生活用具、乐器等各个方面。画面朴实大方，线条简练，色彩相对单一。当然傣族的佛寺壁画，内容题材丰富，绘画图案栩栩如生，充分体现了傣族人民的聪明才智。随之繁衍而来的民间手工艺产品却变得更为丰富和精彩。如哈尼族、拉祜族的竹编，佤族、拉祜族、傣族用自己搓出的线织出的各种挎包、织锦，因做工细腻、色彩丰富、图案精美、实惠耐用，堪称一绝！你不得不佩服这些民族的智慧和才华。

今天，受经济全球化和现代信息化冲击，民众生产生活方式、世界观、人生观、价值观的嬗变，世界范围的非物质文化赖以生存和发展的基础逐渐削弱，有些已经消失和濒临消失。普洱各族群众热爱自己的文化，特殊的土壤与生存空间，保留了较为完整的传统文化与习俗。而且还出现了许多外来文化到了普洱后，反而被注入了普洱的民族元素，落地生根成为普洱特色文化的现象。它们镌刻着普洱各族祖先从昨天走来的足迹，穿越时空，成为各个民族的生命记忆和文化符号，显得更加稀罕和珍贵。有些成为人类穿越历史的文化活化石，见证了人类历史的发展和痕迹。现今，普洱被列入国家级非物质文化遗产保护项目有 5 项，省级 32 项，市级 308 项；国家级非物质文化遗产保护项目代表性传承人 5 人，省级 76 人，市级 134 人。每当寒、暑假到来的时候，很多大学的硕士生、博士生导师们会带着自己的弟子到这里来进行田野考察和采风，探寻和挖掘这些神奇文化。

普洱人，从来没有因为祖宗留下丰厚的遗产而自满自足，一笔笔祖宗留下的遗产被不断挖掘、整理、提升，更是发扬光大，异彩纷呈，处处展示着灿烂夺目的风采，创造了一个个奇迹。文艺创作持续繁荣，舞蹈、歌曲、音乐、曲艺、文学、书法、美术、摄影等捷报频传，为普洱捧回了许多国家、省级的大奖。可以说是硕果累累，引起了国内外文艺界的关注，谱写了文化发展的新篇章。

血浓于水的民族兄弟

民族团结，互通有无，你中有我，我中有你，其乐融融，和谐相处——这便是边地普洱最具民族凝聚力的一个表征。更重要的是，边境线上的疆域稳固，彰显出了每个兄弟民族的心中，都深藏着一种深厚的家国意识。

戍边主力军——汉族

汉族在普洱各民族中人数最多，一区九县中均有居住，有100万人左右，约占总人口的39%。

汉族进入普洱，最早可以追溯至汉、晋时期。大量迁入，是在明代以后。据史书记载，明洪武二十一年（1388年），在景东土知府俄陶再三请求下，明朝派大将沐英带领大军，将不服明朝统治的来犯之敌——麓川（今瑞丽、陇川一带）平缅宣慰使思伦发打败赶跑。为了巩固边防，在景东设立卫所，将9065人屯兵驻守在这里。这就是汉族大量进入普洱的开始。之后，汉族大军随着征战、戍守边关、屯田经商、行医教书、贬谪流放、躲债逃难、卖艺谋生、支边建设等，大量进入普洱。汉族带来了先进文化和生产技术，推动了当地经济社会发展，加强了与内地的交往，促进了各民族之间的融合与共同进步，巩固了边防，稳定了边疆。不但使汉文化和传统习俗得以保留，并兴儒学之风，能与其他民族和平相处，相互借鉴学习，形成了“我离不开你、你离不开我”的亲密友好关系。

梯田缔造者——哈尼族

哈尼族善于农耕，他们的居所都有层层梯田，被称为“梯田创造者、缔造者”。普洱有45万人，主要分布在墨江、澜沧、江城、宁洱、景谷、镇沅等县。有碧约、卡多、偠尼、布都、腊米、阿木、卡别、切弟、布孔、海尼、西摩落、豪尼、阿卡、白宏等支系。

哈尼族先民源于古代的西北氐羌族群，语言属汉藏语系藏缅语族彝语支，本身没有文字。历史上被称为“和夷（蛮）”“和

泥”“嵩”“窝泥”“阿泥”“哈泥”等。哈尼族的祖先属于游牧民族。据墨江哈尼族传说，他们来自遥远的北方一个名叫“努玛阿美”（青海、甘肃一带）的地方，尔后逐渐游牧南迁，最后来到了墨江。哈尼族大量迁入普洱是在隋唐以后，主要散布于哀牢山、无量山广大山区。来到普洱后的哈尼族逐步由游牧民族转变为农耕民族，他们面对高山峡谷，善于利用“山有多高，水有多高”的自然条件，创造、总结出一套垦种梯田的丰富经验。如今的哈尼山寨，处处有梯田，简直就是一幅变化奇巧、简朴秀美的水墨画。

哈尼族生活习俗保留较为完整。主要信仰自然崇拜和祖先崇拜的原始宗教，他们认为万物皆有灵，人死魂不灭。现今有部分哈尼族开始信奉基督教。饮食上，以大米、玉米为主食，爱喝酒，喜食酸辣，善于腌制各种咸菜。哈尼族的婚姻实行一夫一妻制，历史上以包办婚姻为主，新娘出嫁时有哭婚的习俗。丧葬上，实行棺殓土葬，个别支系或在野外自杀、被水溺死、被人杀死等死于非命的人实行火葬。

火一样的民族——彝族

彝族勤劳勇敢，崇尚烈火，被称为“火一样的民族”。普洱有 42 万人，主要分布在景东、镇沅、景谷、宁洱、江城等县。有倮倮、阿列、蒙化、香堂、聂苏、拉乌、咪哩、所都等支系。

彝族历史悠久，源远流长。关于族源，迄今仍众说纷纭，尚无定论。到目前为止，彝族的族源以土著说、羌氏说为主。彝语属汉藏语系藏缅语族彝语支，1700 年前，创造了自己的文字，一直沿用至今。过去，彝族被称为“倮倮”“乌蛮”“夷人”等。最早进入普洱是在唐朝南诏时期，大量进

入是在明清时期。

彝族主要信仰祖先崇拜、多神崇拜和自然崇拜的原始宗教，在他们的精神世界里，万物皆有灵，神灵到处存在。现今，江城等部分彝族开始信奉基督教。饮食上，以大米、玉米、小麦、高粱、苦荞、洋芋为主食，爱喝茶，好饮酒，善于腌制腊肉。在婚姻上，提倡婚姻自由，新娘出嫁时有新郎的兄弟或表兄弟背新娘回家和哭婚的习俗。丧葬上，普遍实行棺殓土葬。

彝族吹唢呐

猎虎的民族——拉祜族

拉祜族语称虎为“拉”，把肉烤得发香为“祜”，所以拉祜族被称为猎虎的民族。普洱有30万人，主要分布在澜沧、孟连、西盟、镇沅等县。有拉祜纳、拉祜西和苦聪人三个支系。

拉祜族源于我国古代氐羌族系，史称为“史宗”“野古宗”“苦聪”“倮黑”“磨察”“木察”“目舍”等。从先秦时期其不断从青海流域南迁到金沙江南岸，然后再迁到澜沧江流域。进入普洱的时间最早约为唐朝，大量进入为宋末以后。拉祜族是一个典型的游牧民族，他们不断地南迁，直至清朝末年，才基本定居在现在的地方，由游牧逐步转为锄耕农业大约是清朝以后的事情。拉祜族属汉藏语系藏缅语族彝语支，20世纪初西方传教士曾创制过用拉丁字母拼写的文字，因欠科学未能推广。新中国成立以后，创制了新的拼音文字。

拉祜族的风俗保留完整。拉祜族的宗教信仰主要是原始宗教，同时也有信仰汉传佛教、基督教。在饮食上，拉祜族

以大米、玉米为主食，嗜好烤肉、辣椒，喜喝烈酒、浓茶。婚姻为一夫一妻制，一般为族内婚，普遍实行从妻居。重视丧葬，无论火葬土葬，整个村寨停止生产一天，以示哀悼。

深山中的民族——佤族

佤族居住崇山峻岭中，是一个深山中的民族。普洱有 15 万多人，主要定居在西盟、澜沧、孟连等县。

佤族源于古代濮人一支。史称“古刺”“哈刺”“戛刺”“卡瓦”和“哈瓦”等。佤族语言属南亚语系孟高棉语族佤语支，新中国成立前，英、美传教士编制了一种佤文，因粗糙使用范围小。新中国

成立后，新设计了一种拉丁字母形式的佤文。佤族是最先居住在普洱的世居民族之一。据史书记载，汉朝时期，佤族的祖先就已经居住在了澜沧江以西的崇山峻岭中。在历史上，佤族的社会发展不平衡。以西盟为主的阿佤山中心区，主要用“刀耕火种”法耕种旱地，到新中国建立时，大多还处于原始社会的末期。

佤族普遍信仰万物有灵的原始宗教，也有信仰南传上座部佛教、基督教的。他们认为一切生物都有灵魂和鬼神，神是吉善的，而鬼则是凶恶的，办事要祭神，人有病痛、灾祸就要叫魂做鬼。佤族主食以大米为主，玉米、小米、荞麦为辅。喜吃菜、肉、米一起熬煮的稀饭。佤族青年男女恋爱婚姻自由，实行一夫一妻制。实行土葬。成年人病死，家人要鸣枪向寨人报丧，在外凶死或小孩亡则不必报丧。

水一般的民族——傣族

傣族依水而居、伴水而长，被称为“水的民族”。普洱有24万人，主要分布在景谷、孟连、澜沧、江城等县。有傣那、傣泐、傣绷、傣社豪4个支系。

傣族属于古代越人族群，历史悠久。傣语属于汉藏语

1 佤　族

2 孟连傣族

系壮侗语族壮傣语支，有自己的语言文字。历史上，傣族被称为“滇越”“掸”“黑齿”“白蛮”“白衣”“金齿”“银齿”“僰夷”“摆夷”等。据史书记载，唐朝时期，傣族在景东、镇沅、景谷、孟连等地大量居住。

傣族普遍信仰南传上座部佛教。喜酸味及烘烤食品，善于制作各种腌制品，能做出上百种菜肴。在普洱，“傣味”最为有名，影响了周边的其他民族。恋爱婚姻比较自由，家庭为一夫一妻制的父权制小家庭。丧葬有土葬、火葬两种，正常死亡的行土葬，非正常死亡或带传染病死亡的行火葬。

烂漫山花——布朗族、回族、白族、苗族、瑶族、傈僳族、蒙古族、景颇族

布朗族有 1.5 万多人，主要分布在澜沧、孟连、景谷等县，属于古代百濮族群，是普洱最古老的世居民族之一；回族有 1.3 万多人，主要居住在墨江、景东、景谷、澜沧等县的交通要道，信仰伊斯兰教；白族有 1.3 万多人，主要聚居在宁洱县，其余分布在各县，语言、风俗习惯、宗教信仰等已经改变；苗族近 1.3 万人，主要分布在思茅区和景东、镇沅、景谷等县，至今还基本保留着服饰、语言、风俗习惯、宗教信仰等；瑶族有 1.1 万多人，主要居住在江城、墨江、景东等县，至今还基本保留着服饰、语言、风俗习惯、宗教信仰等；傈僳族有 0.4 万余人，主要分布在孟连县，至今还基本保留着服饰、语言、风俗习惯、宗教信仰等；蒙古族有 600 多人，主要居住在镇沅县，属于元成宗皇族后裔，现在服饰、语言、生活习俗等方面已经逐步汉化；景颇族有 200 多人，主要居住在孟连县和澜沧县，大部分的风俗习惯已经被周边民族同化。

新中国成立后，伴随着到普洱支边工作的干部、专业技术人员、工人、军人及经商人员的不断到来，少量的壮、满、纳西、布依、侗、怒、土家等少数民族也来到了普洱，成为普洱民族大家庭的一员。

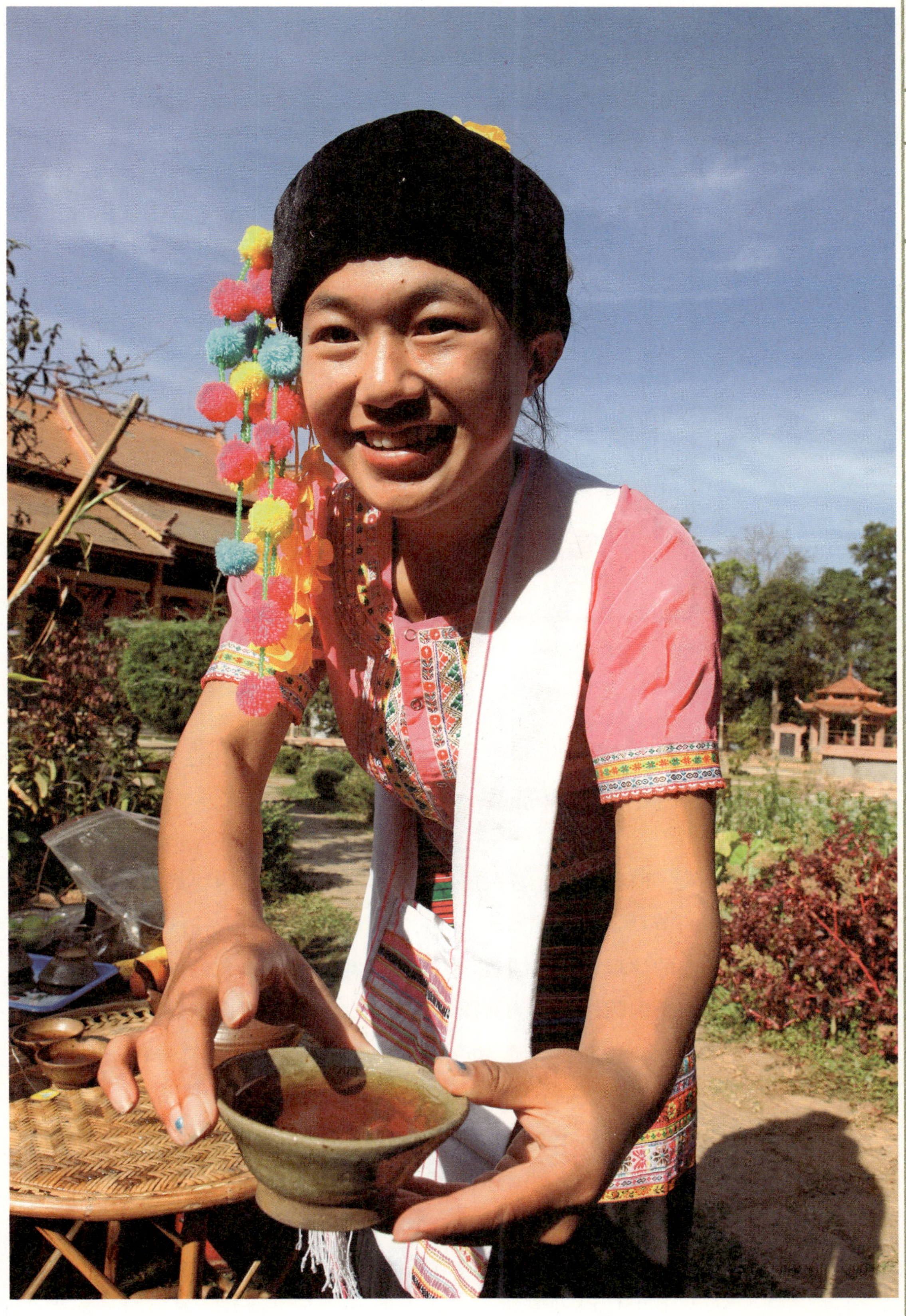

请喝一杯布朗族古茶

那些开满欢乐的盛大日子

每一个民族节日都是一次欢乐的盛大绽放。从岁首到年末，纷繁的节日像山间的花朵依次开放，欢乐与精彩若山间溪流一直在普洱的村村寨寨潺潺流淌，世世代代栖息于这片土地上的子民，用自己纺织的花篮将生活装点，将希望点亮。

中国普洱茶节

说到节日，普洱层次最高、规模最大、内容最多、影响最大的节日当属中国普洱茶节。茶节，这是普洱人仔细谋划，独具匠心的体现，在中国首创以茶为主题、以茶会友的国际性节日，这是个国际性的民族大团结的节日，这个节日向世界彰显了普洱茶的文化正能量，成为普洱人民精神生活的一个符号、一个象征、一个期盼、一个品牌。

茶节从 1993 年举办，经过 20 多个春秋的洗礼，14 次的成功举办，多次与国际合作，两次走出普洱到上海和北京举办，已经成为全国乃至全球的一个节日，具有国际性、开放性、包容性的茶界盛会，成为普洱节日的“烫金名片”。20 多年的历程，茶节全方位向世界展示了普洱厚重悠久、独具特色、醇香四溢的

普洱茶文化和民族文化的独特魅力，展现了普洱茶与茶马古道的千年传奇，见证了普洱各族人民种茶、采茶、制茶、兴茶的迷人风姿与辉煌历史，更让人真正了解到了一个放眼世界、团结拼搏、包容开放、充满活力的普洱新形象，奠定了普洱是世界茶源的历史地位。有效提升了“天赐普洱、世界茶源”在全国乃至世界的知名度、美誉度。

2010 年 11 月，第十届茶节首次走出普洱到上海举行。一台原创的大型原生态歌舞晚会《天下普洱 2010》在世界一流的上海大剧院连续上演五场，用带有泥土气息、生态质感、多彩神秘的民族节日，一下子征服了黄浦江两岸观众。在上海豫园进行的普洱茶产品展示与旅游推介活动，同样如火如荼、精彩纷呈，让上海人熟知了一个最先发现茶叶、种植茶叶、盛产普洱茶而扬名天下的普洱。从此，在黄浦江两岸过去只知道喝绿茶、花茶的都市人开始眷恋上了褐色普洱茶。

2013 年 5 月，2013 国际茶业大会 · 第八届中国云南普洱茶国际博览交易会 · 第十三届中国普洱茶节在普洱隆重举行。这是一次国际元素与普洱元素的有效结合，成为普洱

茶叶节——佤族甩发舞

最高水平的国际盛会，是普洱茶节史上一次最为成功的典范。来自联合国粮农组织、国际茶叶委员会、欧盟茶叶委员会的负责人，美国、加拿大、俄罗斯、德国、英国、日本、韩国、摩洛哥、埃及、印度、斯里兰卡及我国台湾、香港等30多个国家和地区与国内的行业政要、专家及茶人共1070名嘉宾欢聚一堂，参与分享了这次盛会。国际茶叶委员会向普洱颁授了“世界茶源”牌匾，至此，全世界都知道了茶的根、茶的魂就在普洱，树立了普洱在全国、全世界普洱茶产业的权威和地位，真正让普洱“世界茶源”的名号实至名归，了却普洱人一桩多年的心愿。

国际双胞胎节暨哈尼太阳节

每年的5月，来自世界各地的双胞胎们都会相聚云南墨江，领略深厚的民俗文化，体验浓郁的民族风情，目睹双胞们的巅峰对决，纵情哈尼的“抹黑”狂欢，享受当地的饕餮盛宴，邂逅全国唯一的哈尼族自治县的民族文化生态景观。

墨江，有深厚的哈尼文化和奇特的北回归线文化。境内，双胞村、双胞井、双胞床等景观充满神奇传说，1000余对双胞胎的神秘自然现象，形成了独具特色的双胞胎文化。当地人传说，一对新婚伉俪，只要来到墨江，喝了双胞井水、睡了双胞床，那一定会得到一对称心如意的双胞胎。当然，这只是一个趣谈和传说，不过，它会让你浮想联翩，充满遐想。

双胞胎节自2005年起举办，已成功举办过十一届。每年5月1—3日，来自世界各地和国内的千对双胞胎都会汇聚到墨江，参与双胞胎人的盛会，演绎一个双胞胎文化的迷人传奇，感受哈尼文化的无穷魅力。每一届都充满着神奇，闪现着亮点。目前，有上百万人在节日期间前往墨江观礼。节日内容也愈加丰富多彩，千对双胞胎大巡游、双胞胎才艺大比拼、北

回归线“秘境婚礼”、幸运双星大抽奖、哈尼族原生态歌舞乐表演、哈尼抹黑脸狂欢、哈尼长街宴、水上趣味狂欢等浓郁的双胞文化和哈尼风情活动，让人目不暇接，体会至深，意味无穷。节日期间，是“一床难求”，说明了这个节日对人的吸引力和影响力。双胞胎节荣获了“中国最具民族特色节庆”“最具国际影响力民族节庆”等称号，是云南文化旅游的一张叫得响的旅游名片，是我国第一个双胞胎文化品牌节日。

中老越三国丢包节

丢包是普洱边境民族节庆期间举行的一项体育活动，用约 0.16 米见方的布袋盛满棉花籽或其他粒状物，一条 1—1.3 米长的布带垂在一角，男女各 10 人站在场地两边互相对掷，接不到包者受罚。这种活动往往又成了男女青年

墨江双胞胎节双胞胎巡游

江城三国丢包节上的牛体彩绘大赛

寻爱寄情的极好机会。

丢包，是中、老、越三国周边地区彝族、哈尼族、傣族等青年男女传达爱意的一种方式，也是参与最为广泛的一项传统活动。由中国、老挝、越南三国联手，将这传统的民俗打造成“中老越三国丢包狂欢节”，就是一个边境文化的创举。从普洱的节日来讲，她是“迟来的爱”，虽然举办的时间不长，可她一出场就一鸣惊人，引起轰动，成为普洱节日史上的一段佳话。丢包狂欢节最大的特色是以丢包传情，增进友谊。丢包节

每两年一届，至今共举办了三届。前两届在江城举行，第三届在越南奠边府举行。是普洱市创办的各种特色节庆活动中首次走出国门举办的民族节庆，真正成为三国交界地区人民共同的节日。

2009 年 10 月 2—4 日，首届丢包狂欢节首先在江城县闪亮登场。大型开幕式文艺表演，三国篝火狂欢、文艺表演、民歌会、风情展演、丢包传情活动及比赛、陀螺团体赛、牛体彩绘大赛及中老越边境三角区域经贸洽谈会等文体及经济活动，样样带有三国元素，个个精彩，事事吸引着人，让参加的人忙得了头，却顾不了尾，只愁自己没有分身术。当然最汇聚人气的还是丢包传情活动，当主持人一声令下，主会场与其他 9 个分会场的 3 万余人，一起将带着“千万个祝福和爱情”丢包抛到了空中，将蔚蓝的天空装扮成了五彩斑斓的世界，真是场面壮观、空前绝后、无与伦比。这次为节日特别制作的 8 米 ×8 米的“最大丢包”，成功进入了世界吉尼斯纪录。同年，丢包狂欢节入选了 2009 年度云南省十大民族狂欢节。

佤族木鼓节

佤族人民认为“木鼓”是至高无上的通天神器，是山寨村民赖以生存的保护神，常用它进行祭祀、报警、召集村民或进行娱乐活动。一年一度的“木鼓节”源于母系社会中对祖先图腾崇拜的一种节庆活动。

木鼓，是阿佤人与神灵对话的通天神器。拉木鼓、跳木鼓房、祭木鼓，祈求五谷丰登，是佤族重大的祭祀活动之一。今天的木鼓节就是由佤族古老的宗教活动发展演变而来的，成为阿佤人集中展示阿佤文化的最盛大、最隆重的节日。

每年的4月10日至13日，西盟县都会举行中国佤族木鼓节。当浑厚悠扬的木鼓声“咚咚”响起，整个佤山就沸腾了。人们和着欢快的节拍，踏歌起舞，忘记了年龄、忘记了身份、忘记种族，尽情舞动跳动……这时剽牛、弓弩狩猎、篝火歌舞狂欢、祭拜龙摩爷、“千人拉木鼓”等佤族独特民俗风情文化将淋漓尽致地展示。如果能够亲身参与体验，一定会让人感到惊诧与神秘，体会到阿佤文化的无穷魅力。如果再去品尝佤族水酒和佤族稀饭等特色饮食，一定会让人醉在佤山，不想归家。著名作家余秋雨先生参加西盟佤族木鼓节，看到千名佤族小伙子敲响木鼓，千名佤族姑娘跳起飘逸的甩发舞时，多次情不自禁地站起来欢叫：“妙哉，妙哉，真是妙哉！”这无疑说明了佤族文化的无穷魅力与精彩！

拉祜族葫芦节

拉祜族把葫芦作为标志，象征拉祜族从葫芦中走出，向太阳奔去的精神追求和吉祥幸福的美好心愿。每年农历的十月十五，是拉祜族人民的“葫芦节”，拉祜语称为“阿朋阿龙尼”。每年这天拉祜人穿着绚丽的民族服饰，载歌载舞，带着自酿的美酒与

佤族木鼓舞

糯米做的粑粑，杀猪宰鸡，集中在每个村子的广场上，开始一年一度的庆祝活动。

自 1992 年以来，澜沧县把葫芦节法定为全县的节日，每年 4 月 8 日至 10 日都要举行隆重的庆祝活动。

每次节日，千名拉祜族群众用吉他弹奏拉祜族歌曲《快乐拉祜》及万人齐跳拉祜族传统《芦笙舞》《摆舞》是节日的重头戏 。“抢新水”、跳笙、跳竹竿舞、荡秋千、爬杆等丰富多样，自然传统的文化活动及原生态歌舞展演，是他们节日的特色和亮点。如果是客人，一定要去观赏和参与体验。当然，如果时间足够，还可以抽空亲临老达保村，去寻觅歌曲《快乐拉祜》诞生的传奇，到景迈山去体验千年万亩古茶林的神奇……结束时，一曲拉祜族自编自唱的歌曲《实在舍不得》，一定会让人难舍难分，不

❶ 畲葩节祭祀

❷ 十月年节祭祀

愿离去。再一次感受到拉祜人的热情、好客、朴实、真诚。

苦聪人畲葩节

苦聪人认为世间万物都有灵魂，所有的生灵都经过数九严冬的残酷摧残，能活到现在的都是福大命大的精灵，都值得庆贺，这便是畲葩节的由来。

畲葩节是镇沅苦聪人一个古老的传统节日。苦聪语“畲”即树，“葩”即公树（雄性树），“畲葩”由此而得。苦聪人认为在世间的生灵中，最先蒙新的总是树，预示着新生命的开始，大地将变化，人间将变化，万象将更新。这一天就在农历二月初八，她是万物蒙新的开始。为了纪念这一天，每年都要举行盛大的庆祝活动。

节日当天，太阳刚一露脸，热闹的庆祝活动就开始了。苦聪青壮年聚集在一起，开始杀鸡、宰牛，准备祭品和畲葩宴。下午，大家穿上节日的盛装，由畲比谋（祭司）领着男女老少，弹着三弦、提着白酒、端着鸡，来到村子的竜树前，跳起欢乐的畲葩舞，举行祭祀活动，祈祷今年风调雨顺、五谷丰登，六畜兴旺。下午6点畲葩宴开始了，大家团团围坐在一起，品尝美味佳肴，感受这一古朴的民族习俗。晚上，苦聪群众手拉着手，围着篝火，在三弦音律中，唱起欢乐的山歌，跳起欢快的三跺脚，载歌载舞，热热闹闹欢度节日。

哈尼族十月节

十月节是哈尼族秋收后欢庆丰收的盛大节日，人们在这期间举行斗牛、摔跤、对山歌等活动，这也是哈尼族的大年。按哈尼族的历法，十月年为大年，十月是岁首。时间从农历十月第一个属龙日开始，直至属猴日结束，历时五六天，是哈尼族最热闹、时间最长、内容最丰富的传统节日。

节日期间，哈尼寨子打扫得干干净净，人们穿着崭新的节日盛装，家家户户舂粑粑、做汤圆、杀肥猪献天地祭祖宗；家庭主妇们装扮一新，赶往水池或水井争先恐后地接一年中的第一滴新水；亲友们互相走访祝福。适龄男青年往往在这时请媒人去说亲，嫁出去的姑娘也要带着酒、肉和粑粑回娘家献祖过年。小伙子们昼夜敲响大鼓、铓锣，唱起歌跳起舞，预示着新的一年人们兴旺发达。每个寨子都要摆长街宴，全寨人同饮共食。当然，在寨子广场上还要架起高大的秋千，举行荡秋千活动。好斗的青年们则聚集在一起举行陀螺比赛和摔跤游戏。哈尼族这种共庆新年佳节的内容和方式，表现了哈尼族人相亲相爱、团结互助的精神。

傣族神鱼节

神鱼节的来历，在孟连一带的傣族民间社会里，流传着许多优美的传说故事。这些传说故事，往往能将人们带回人类的童年。

神鱼节是孟连傣族一个传统的节日，她与泼水节同时进行。每年4月10日这一天，人们可以尽情地捕捞，捉鱼狂欢。2004年，孟连将这个节日定为全县人民的共同节日，并定名为中国·孟连娜允神鱼节，每年的4月10日至13日都要隆重举行。这原本是当地傣族一个传统的节日，却发展成了一个原生态的民族文化

旅游狂欢项目，并以排他性、参与性和全民性的独特魅力，深受人们喜爱，被誉为“东方水上狂欢节”。

每当傣历新年来临，在娜允古镇南垒河畔，神鱼节活动便开始了。当祭祀“神鱼”的仪式完毕，上万人的捉鱼大军顷刻间涌向南垒河，尽情地捕捞、捕捉。在岸上观战的人们也助威呐喊，把整个河岸围得水泄不通。河面河岸沸腾了，欢闹声响彻两岸，形成了“鱼跃人欢，和谐自在”万人捉鱼的一道奇观。节庆期间，还有传统歌舞表演、龙舟竞赛、大金塔点千盏灯、南垒河放神灯、神鱼放生、神鱼长街宴、进村寨泼水、经济贸易交易会等活动，带给你边地的真诚与欢乐。神鱼节获得了“云南十大民族狂欢节”的殊荣。

孟连坝子过神鱼节

景谷永平采花祭佛

傣族采花节

据传，采花习俗跟泼水习俗一样，源于古代的农耕初期。那时，傣族先民刚从穴居转为定居，刚从狩猎经济转为农耕经济，开始学会种植水稻等农作物——也就是说，每个民族都有自己的农耕文化。

采花节，是景谷傣族一个具有悠久历史的群众性节日，它与傣历新年（泼水节）结合在一起，在新年的第一天举行。

每年 4 月 14 日至 16 日，景谷县都要举行一年一度最为隆重的采花节。节日第一天的清晨，佛寺里就开始热闹起来。男人们忙着堆沙祈祷；妇女们忙着把山上采来的鲜花插满佛寺，敬佛祈福；佛爷、和尚挑来纯净之水虔诚洗佛，为前来祈福的人们诵经、点水祝福……中午饭后，各族群众相聚插满鲜花的

广场，用洁净的圣水相互泼洒，以表达心中美好的祝愿和对未来的企盼。晚上，伴随着象脚鼓声，各族群众就跳起传统的舞蹈，通宵达旦，庆贺这美好吉祥的日子。随后的两天，各种传统歌舞表演、比赛、美食体验、经贸活动相继登场，让你尽情享受采花节的风范与情调。独具景谷汉傣特色的泼水采花节正日益红火热闹，越来越受到外界的关注。

彝族火把节

彝族火把节，是所有彝族地区的传统节日。白族、纳西族、基诺族、拉祜族等民族也过这一节日。火把节也象征了彝族是一个火一样的民族。

彝族火把节庆祝活动

火把节是彝族盛大的节日，一般在农历六月二十四至二十六日举行，届时要宰牛杀羊，祭献祖先，相互宴饮，吃坨坨肉，共祝五谷丰登。还要举办摔跤、斗牛、打秋千、拔河、篝火晚会等丰富多彩的活动。

相传在很久以前，天王不让彝族过好日子，派了十大力神到人间糟蹋庄稼，勇敢的彝家伙子包聪与十大力神摔跤三天三夜终于获胜。天王见后，羞怒交加，每年农历六月二十四日这天就往地上撒一把香面，变成无数害虫来残害庄稼。聪明的彝家人每人点燃一把火，把害虫全部烧光。年来岁往，相传成习，成了彝族传统的火把节。

火把节这天，村村寨寨的男女老少穿上节日盛装，家家户户杀鸡宰羊，到田地里祭献，求田公地母保佑五谷丰登、六畜兴旺。中午时，男人们用松木、松明做成一丈多高的火把，插在田地和院场中，等待夜幕降临。入夜，人们首先点燃院场中的大火把，再点燃无数支小火把，赶往山乡田野，将用枯松末做成的香面，一把把地撒在火头上，边走边撒，驱虫灭害，祈求五谷丰登、人畜平安。远远望去如繁星坠地，似火龙飞腾，十分壮观。最后人们汇集到广场上，唱着悠悠的古歌，跳起欢乐的“三跺脚”，彻夜狂欢，通宵达旦，直到迎来东方的彩霞。节日期间，是人们相互交往、男女谈情说爱的美好时机。

布朗族桑康节

“桑康节”至今已有一千多年的历史。“桑康”即“过新年”。布朗族把新年称为“桑康”。“桑康”一词意为“经过”或“移入”之象征，延伸为星移斗转、辞旧迎新。

“桑康节”是布朗族最盛大的节日，每年傣历六月中旬（4 月中旬）举行。期间，布朗族群众会清理村寨、打扫卫生，穿着节日的盛装，杀猪宰羊，做黄粑，接新水，祭佛祖，相互泼水祝福，开展文娱活动。

澜沧景迈山的布朗族，还有一个最重要的仪式就是祭茶祖。祭茶祖这一天，男女老少，身穿节日盛装聚集在岩冷山的祭祀台前，在村寨头人的主持下，乡亲们点燃自制的蜂蜡，双手合十，虔诚地跪在茶魂台前，倾听长者诵读经文，而后三呼茶魂，对赋予他们生命和希望的古老茶山顶礼膜拜，给先人敬上糯米饭、糍粑、蜂蜡香、礼钱等，以此来祈求幸福吉祥。之后，布朗群众来到岩冷寺祈福，敲起鼓跳起舞，表演独具特色的歌舞，以示庆贺。

摇曳在滇南大地的精美服饰

普洱市少数民族以居住地来分，一般可分为山地民族和坝区民族两种。佤族、拉祜族、哈尼族、彝族主要居住在山区和半山区，傣族主要居住在坝区，而他们的服饰则反映了居住地的环境特点、婚恋习俗、宗教信仰和审美情趣等。

普洱少数民族的服饰，可谓千姿百态，色彩斑斓，争奇斗艳，各具浓郁的民族个性风格与特征。过去，各民族的服饰都是自己织布、染色和缝制。随着社会的进步与发展，开始使用现代的布料和方法进行缝制，色彩和样式也更加丰富多彩，只是保留了本民族服饰的传统风格与样式。如今，男子大多穿起了流行的时装，只有老年人还穿着自己的民族服饰。

哈尼族服饰因支系较多，花样不一，一般喜欢用藏青色的土布做衣服。男子多穿对襟上衣和长裤，以黑布或白布裹头。妇女多穿右襟无领上衣，下身或穿长裤或穿长短不一的裙子，襟沿、袖子等处缀绣五彩花边，系绣花围腰，胸佩各色款式的银饰。哈尼族僾尼人服饰以装饰繁多最有特色。男子上着对襟衣，下着大裆裤。妇女上着青色长袖无扣无领对襟短衣，露出镶满银饰的胸衣，衣角和背部绣有几何图案，下着长及膝部短褶裙，腿套镶花护腿。头饰最为漂亮，少女佩戴无檐绣花帽，帽边绣花纹，中间嵌有银泡、银铃、珠子、贝壳；婚后妇女不再戴帽，改为缠包头，包头上饰飞禽彩色羽毛，插牛角和兽骨制成的角针，佩戴耳环和项圈，腰系数串彩珠。佤尼人女子尤好装饰，用大量的贝壳、银泡、项链、银项圈、彩穗、钱币、骨头、鲜花及至红叶、染色鸡毛等点缀装饰帽子、衣服及全身，使之装扮得五彩缤纷，繁花似锦。

拉祜族最喜爱黑色，以黑为美。崇尚黑色是拉祜族服饰的一个特点。服装大都以黑布衬底，用彩线和色布缀上各种花边图案，再嵌上洁白的银泡，使整个色彩既深沉而又对比鲜明，给人以无限的美感。拉祜族男子身穿浅色右衽交领长袍和长裤，喜欢佩刀，系腰带，脚穿布鞋，头戴包头，长袍两侧有较高的开衩，领口衣襟等处用深色布条镶边，包头用白红黑等各色布条交织缠成。拉祜族妇女服装具有青藏高原妇女服装的特点，穿的是黑布长衫，长至膝下，两侧开衩且开衩较高，立领右襟，缀有银泡装饰，喜欢用红色或白色花边镶缀在袖口、襟边，下穿长裤。每逢喜庆日子，拉祜女性特别是青年妇女，都要身着用银制品装饰的盛装，戴上耳坠耳环，脖系项圈，头缠包头聚集在一起，这时到处是银光闪烁，美丽动人的景象。

彝族在服饰上，以藏青色和黑色为主。男子习惯用一丈多长的布包头，多穿对襟上衣和宽大的长裤；妇女用黑布包头，多穿紧袖直领大襟上衣，长及膝盖，外套青色领褂，袖口、衣领和领褂上镶有条形图案，并钉有成排的银纽扣，蓝衣黑裤，裤腿肥大，喜欢佩戴银质耳环、项链、手镯、戒指、针筒、响铃等配饰。

拉祜族的传统服饰别具特色，且因支系、居住地不同而有所差别。一般男子穿无领右开襟短衫和裤脚宽大的长裤，头裹黑包头或戴瓜形小帽，出门时多挎背包挂长刀。

妇女头缠黑色土布包头巾，身穿无领对襟短衫，下穿长筒裙。

佤族服饰绚丽多彩，妇女穿无领短衣，下穿围裙，小腿缠以裹脚布并套着若干藤圈，耳戴大银环，并有红、黑线穗，颈戴银项圈和成串的珠子，腰上也围几道藤圈，腕戴银镯，赤足。男子着无领短衫，黑色款裆长裤，用黑布或红布缠头。外出时身背铜炮枪和弩弓，腰佩长刀。

傣族喜欢洁净、注重美丽，妇女服饰因地而异，婚前婚后不同。一般上着绯色紧身内衣，下为花色长筒裙，结发于顶，插梳子或顶花头巾，充分展示了女性的特点；男子上着无领对襟或大襟小袖短衫，下着长裤，多用白布、水红或蓝色包头。现在，经过不断地借鉴改装，服装色彩样式变得更加丰富多彩。

除了五个人数较多的少数民族外，还有布朗族、瑶族、傈僳

族、苗族、景颇族还保留着本民族的传统服饰，其余民族基本上已经没有了自己的服饰，大多穿着汉族的流行服饰。

❶ 彝族服饰

❷ 哈尼族服饰

❸ 佤族服饰

❹ 澜沧拉祜族服饰

飘扬在心间的动人旋律

人的一生不能缺少歌唱，一片土地也不能缺少歌唱。日出而作、日落而息的人们，从来不曾孤单，他们张开嘴巴就能与高山饮酒，放开喉咙就敢与溪涧对唱，那余音绕梁的歌声，穿透大山，穿透时光，飘向远方，为后来的人留下了无数千古绝唱。

难忘的歌声《婚誓》《阿佤人民唱新歌》

当人们听到这两首旋律优美的歌曲时，自然会想到拉祜族和佤族两个边地民族，想到他们的栖居地与原生态的生活。

20 世纪五六十年代，电影《芦笙恋歌》的主题歌《婚誓》、歌曲《阿佤人民唱新歌》在祖国大江南北广为传唱，让人们熟知了普洱边地的拉祜族和佤族。半个多世纪过去了，这熟悉的旋律还在祖国大地上久久回荡，挥不走，散不去。

“阿哥阿妹的情意长，好像那流水日夜响……”当听到这熟悉的旋律时，人们能感受到人间真情的质朴甜美。这是 1957 年长春电影制片厂拍摄的电影《芦笙恋歌》中的插曲《婚誓》。为了在银幕上表现拉祜族人民真实的生活以及追寻美好爱情、渴望幸福生活的美好愿望，著名音乐家雷振邦在拉祜山乡走村串寨，进行采风，在大量收集民间素材的基础上，根据拉祜族的芦笙曲调创作出了这首插曲。当电影在全国反映后，这首旋律悠扬、感情至深的歌曲，便唱响了大江南北。《婚誓》不仅作为音乐主题贯穿影片始终，而且民族风味独特，旋律悠扬，散发着20世纪50年代特有的质朴气息。

“村村寨寨哎打起鼓敲起锣，阿佤唱新歌……”这首脍炙人口的歌曲源于西盟阿佤山，它让人们倾听到了人与自然和谐的音符，感受到了团结向上的民族精神。1964年，中国著名艺术家、原驻西盟县的解放军战士杨正仁，在班哲寨架线时，从密林深处，听到了一首旋律优美的佤族民歌《白鹇鸟》。他以此为蓝本，把《白鹇鸟》原来的低旋律提高八度，并融入佤族音乐的其他旋律，终于创作出了《阿佤人民唱新歌》。由于歌曲表达了佤族群众的心声，旋律优美流畅动听又易学，很快这首歌成为佤山的“流行歌曲”。后来，这首歌传到了昆明，在大街小巷广为传唱。1972年，中央人民广播电台向全国播放了《阿佤人民唱新歌》。从此，这首歌唱遍五洲四海，不但成为西盟县的县歌，也成为阿佤人的一个文化标志。

从老达保传来的《快乐拉祜》

《芦笙恋歌》

从拉祜山乡老达保传来的歌声，让人们知道，那里是一个生长快乐的地方，那里是一个人间天堂。能创造快乐的民族，是一个乐观而积极的民族。

《快乐拉祜》这首歌不仅在普洱澜沧县人人会唱，就算在全国那也算名曲！一首歌能够在全国唱响，本身就不容易，而由一群农民唱响，那简直就像是痴人说梦。这不是新天方夜谭，他确确实实就发生在拉祜山乡——老达保。老达保只是澜沧县大山深处一个拉祜族聚居的村民小组，全组有114

户 473 人，人人能歌善舞，其中 80% 的人能弹奏吉他。拉祜族是一个善于学习、不断追求进步的民族，他们不仅懂得继承和传承，更懂得创作和发展。他们把晚清时期西方传教士教会他们的教堂音乐，与拉祜族的传统民歌融合，创造出了《快乐拉祜》等天籁之音。一时间，这种带有中西合璧“混血”色彩的无伴奏多声部合唱红遍大江南北，震撼了中国。同时他们最新创作的歌曲《实在舍不得》，也是一路过关斩将，获得了广阔的发展空间，走进央视《星光大道》《我要上春晚》等知名栏目。

跳起黄灰做得药

跳笙又称“三跺脚”“跳歌”“打歌”等，是普洱彝族广为普及、分布最广、影响最大、参与人数最多的自娱性民间舞蹈。同时，也是在普洱各民族群众中广泛流行、深受喜爱的一种民间舞蹈。“跳笙”成为普洱各民族团结的纽带。逢年过节，或遇重大喜事、聚会，都要彻夜跳笙狂欢。

关于它的起源，彝族民间有多种传说。景东彝族的传说最为让人信服：部落时期，彝家与一个强大的外族发生战争，战败退

《快乐拉祜》唱响的地方——酒井老达保传承基地落成典礼

居山头，被团团围困。眼看夕阳西下，彝家急中生智，在山头烧起篝火，围着篝火，手持刀棍转圈起舞，口里齐声喊着“阿叔寨尼你瞧着，徐叔寨呢约来”。山下的敌人见山头火光冲天、人头攒动、喊声震天，误以为彝家援兵赶到，慌忙退兵，彝家脱险。为纪念这次胜利，便兴起了围着篝火跳笙的习俗。

跳笙，由于地区和支系及民族的差异，名称、跳法各异，特色亦不相同，但基本形式和动作大同小异。队形多为圆形，领舞者（歌头）领头或居圆圈中央伴奏或领唱，舞者不限，围圈舞蹈。也有站成两排偶数相对，以对歌形式伴以舞蹈。大部分舞蹈套路模拟动物和生产劳动场景，带有浓厚的传统生产、生活方式痕迹。跳笙曲调优美，旋律流畅，节奏规整

严谨。用葫芦笙、大小三弦、笛子、树叶、口琴等伴奏。它融诗、歌、舞、乐为一体，集娱乐性、趣味性、表演性于一身，是一朵深深扎根于广大民众心中的民间歌舞艺术奇葩。

傣寨的灵魂象脚鼓舞

只要听到象脚鼓舞的鼓声，整个傣族寨子的灵魂世界就沸腾起来了，他们将找到自己的皈依之处，他们将抵达自己的精神制高点。傣族的鼓，状如大象的腿，因而取名为“象脚鼓”，象脚鼓舞因鼓得名。象脚鼓舞是傣族地区流行最广的男子舞蹈，成为傣家人的灵魂。

象脚鼓不仅是一种民间舞蹈的道具，也是伴奏其他舞蹈的主要乐器。傣族人民娱乐时，有舞必有鼓，有鼓必有舞，只有在象脚鼓的伴奏下，舞蹈才能跳得有声有色、酣畅尽兴。象脚鼓有长、中、小三种鼓形，根据鼓的形状有不同的跳法。景谷县象脚鼓舞跳法更刚劲有力，更丰富多彩，能百人千人一起鼓舞，并形成赛鼓之风。赛鼓时，象脚鼓同时敲响起舞，鼓声震天，喧声雷动，场面壮观，美妙绝伦。景谷傣族农民象脚鼓队在北京“居庸关·长城杯”全国鼓舞大赛和泛珠三角全国民族民间艺术比赛中荣获金奖。景谷“象脚鼓”与安塞“腰鼓”被称为“南北二鼓”。

新时代的精彩声响

文化艺术是没有边界的，是需要“走出去”的，唯有“走出去”了才能大放异彩。新中国建立后，各民族的歌舞焕发了新春，不少的歌舞经过文艺工作者的加工提炼，带到了内地，走出了国门，辐射到了全世界。21 世纪以来普洱创作编排的大型剧目《云海丰碑》《天赐普洱》《佤部落》等，是普洱元素、民族精神、边地风情的艺术绽放，以新的内涵与魅力再次征服观众，在全省新剧

僾尼人欢度开门节

目中和在国家级会演中屡获大奖，成为普洱现今舞台艺术上成功的精品和永远的丰碑。

大型民族舞剧《云海丰碑》过去许多年了，仍余音绕梁。该舞剧于1997年由普洱市民族歌舞团开始创作排练，它主题鲜明、构思精巧、表演出众、旋律优美、画面悦目，于2000年、2001年，分别荣获云南省新剧节目展演“优秀新剧节目奖”和七个单项、全国第二届少数民族文艺会演创作、演出、舞美三项金奖和五个单项奖，并获云南省政府“特别贡献奖”。该舞剧根据“新中国民族团结第一碑”背后的故事，挑选打磨，最终以佤族“砍头祭谷”这一奇特习俗构成典型事件。以娓娓道来的手法，向世人讲述50年前的阿佤山，在解放军的帮助教导下，改变了盛行砍人头祭谷习俗，用先进生产方式在这块荒蛮的土地上种出了丰硕果实，建立起崭新的民族关系，演绎出民族空前团结的佳话，赋予这块古老的土地新的希望。

大型民族歌舞《天赐普洱》（原名《梦回普洱》）浓缩了傣、彝、哈尼、佤、拉祜五个民族的文化和原生态歌舞精华，是市民族歌舞团有限责任公司自改企以来立足自身、面向市场打造的第一个文化艺术精品。2013年12月，《天赐普洱》在云南省第十二届新剧目展演中脱颖而出，荣获新剧目大奖（一等奖）和十一人单项奖。该剧目由《序章》《纯净普洱》《温情普洱》《风情普洱》《美丽普洱》《真情普洱》六个部分构成，包含了自然音效、器乐演奏、群舞、齐唱等多种表演形式，从不同的角度将蕴藏在普洱民间多姿多彩的民族风情与文化立体式地呈现在观众面前。2014年5月该剧目部分节目被选中，代表国家赴非洲坦桑尼亚、加蓬两国参加了“庆祝中坦建交50周年”以及“中加建交40周年”文化交流演出活动，并载誉而归。同时，该剧目还到澳门、柳州、上海等地演出，在当地掀起了浓郁的普洱民族风，为中国争了光，为云南添了彩，为普洱鼓了劲。

大型佤族原生态歌舞《佤部落》是近年来由西盟佤族歌舞团创

作演出的，由50余名演员倾情演绎，演出阵容强大，分开篇《从司岗里走来》，《佤山韵》《佤山魂》《佤山美》《佤山情》四个篇章及尾声《阿佤人民唱新歌》六部分。作为经过抛光打磨推陈出新的地方性民族大型剧目，其展示的器乐、声乐、舞蹈充分彰显了民族性、艺术性、地域性、观赏性和审美性。剧目民族风情浓郁，五个篇章环环相扣，承接自然，视觉冲击力和艺术感染力强，内容包罗万象，融入神话传说、祭祀、服饰、生产生活等佤族原生态元素，勾勒出一幅幅斑斓多彩的唯美画面，集中展现出佤山

❶《天赐普洱》剧照

❷《佤部落》剧照

之美，仿佛一首娓娓道来的史诗。2014 年 8 月，《佤部落》首次走进国家大剧院，惊艳了京城。之后，又转战全国十余个大中城市巡演，在全国各地刮起一阵阵民族风、边地风，就地域跨度和覆盖面而言，可谓红遍大江南北。这从一个地级市的层面讲，是一个史无前例的壮举。

盛开在民间的艺术花朵

民间艺术是民众生存、生活的一个组成部分，它与人们生活的各个领域无不发生联系，它涉及精神生活和物质生活的方方面面。因而我们只有将民间艺术还原到民众生活的状态中去，才能深入探讨民间艺术的内涵。作为生活状态下的民间艺术研究，其主要原因就在于民间艺术不仅仅是艺术现象，同时又具有生活意义和生存意义的内容。

戏剧活化石“杀戏”

作为地方戏之一的“杀戏”，看似情节简单，舞姿拙朴，却能引人入戏。严格说，“杀戏”并非地方戏，它起源于大唐时的中原，是中原文化融入边地普洱的一个典型个案。

悠悠哀牢山深处的景东县花山乡、大街镇和镇沅县九甲乡一带流传着一种民间剧种叫“杀戏”，当地也称为“老砍刀戏”“马灯戏”。因所演剧目有砍砍杀杀的场面而得名，是一种极具民族魅力的地方戏曲音乐剧种。通常于每年春节、元宵节期间的灯会、（农历）五月的秧苗戏会和七月的保苗戏会活动中演出。

其实，“杀戏”起源于大唐时期的中原，是汉族地区一种不可多得的民间艺术剧种。它结构完整，情节简单，融唱、

❶ 景东花山“杀戏”

❷ 洞经音乐恢复成立 20 周年演出

白、舞于一体，古朴典雅，引人入胜。据考证，现在这种古老而独具民族魅力的“杀戏”是云南仅有，全国稀有。“杀戏”何时传入景东和镇沅，众说不一。据景东县花山乡文俄村“杀戏”传承人毕得良老人说，“杀戏”是由长江、黄河流域随汉人军队流入景东的，在他家族中祖辈相传了十二代人。以此推算，可追溯到清康熙中末期，距今 300 多年。这大概算是比较准确的说法。不管是什么年代进入这块大地，当它在普洱落地，便深深扎根于此，和当地的民风、民俗、土语、民歌结合在一起，发展、演变、繁衍出独具地方特色的民间戏曲音乐舞蹈剧种。现今的“杀戏”保存有 20 多个剧目，实为难得。它在艺术上仍处于戏剧发展的初级形态，是戏剧发展史中不可多得的活化石，对中国乃至世界民间戏曲音乐舞蹈艺术都有深远的影响。

落地生根的普洱洞经音乐

洞经音乐，在普洱大地上已悠然奏响了三百多年。三百多年不是一个小数字，它的音律让大地上所有的生灵都为之敬畏。

洞经音乐在普洱也称为祭茶洞经

音乐，它独树一帜，与众不同。洞经音乐是非常古老的汉族器乐，起源于宋代的四川省蓬溪县，是道教祭祀活动的宗教音乐，它集吹、拉、弹、唱、念、法、拜、祭于一身，因其旋律优雅动听，音韵自然流畅，被称为“雅乐”或“仙乐”。明永乐七年（1409 年）由四川传入云南各地。明末清初，随着普洱茶的兴盛，洞经音乐也随着马帮的行踪来到了普洱，至今这悠悠的音乐在普洱响了三百多年。

现今，洞经音乐还在普洱的景东、镇沅、景谷、墨江、宁洱、思茅等地民间放射着光芒，它青出于蓝而胜于蓝，形成了独特的普洱洞经音乐。说起缘由，从洞经音乐传入普洱的那一天起，聪明睿智的普洱民间艺人，为了适应普洱这块土壤，不拘泥于道教丝竹乐演奏规律，而是大胆地融入了佛教、普洱茶、少数民族三种元素，加入了葫芦丝、巴乌等地方民族特色乐器，形成了古朴典雅、婉转舒缓、庄重肃穆、节奏规整严谨、音乐流畅的独特风格。在清朝嘉庆年间，普洱茶事兴盛，茶商云集，每年都要举行茶祖会。洞经音乐成为茶祖会敬香祭祖、品茶看戏的重头戏。有一点是可以肯定的，那就是，外来文化不过是一颗种子，一旦植入，便被这里的水土所孕育，带有了这一方水土的灵性。洞经音乐堪称音乐的活化石，已被联合国教科文组织认定为全人类宝贵的非物质文化遗产。

民族史诗：普洱民族的精神灵魂

史诗是叙述英雄传说或重大历史事件的叙事长诗，多以古代英雄歌谣为基础，经集体编创而成，反映人类童年时期具有重大意义的历史事件或神话传说。史诗是人类最早的精神产品，对我们了解早期人类社会具有重大意义。史诗和古代的神话、传说有着天然的联系。史诗在神话世界观的基础上产生，而它的发展最终又是对神话思想的一种否定。但无论如何，她都是每个民族独立于世的精神圣殿。

普洱的民间文学丰富多彩、形式多样，从各个角度折射出不同历史阶段的经济、政治、思想、风土人情和民族关系，是民族社会生活的缩影。主要有神话、传说、故事、民歌、谚语等，除了傣族大部分有文字记载外，哈尼族、彝族、拉祜族、佤族等其他民族多为口头创作、口头流传。而各民族广为流传的许多长篇创世史诗和传说，是他们的精神灵魂和支柱，成为普洱民族民间文学中的精品，也已成为人类的共同精神财富。

对于拉祜族来讲，从古流传至今的长篇诗体创世神话史诗《牡帕密帕》，是他们的精神支柱与骄傲。拉祜族没有文字，千百年来，无论什么都是靠口传心授、口耳相传。而今还流传于澜沧县境内的拉祜族口头演唱的《牡帕密帕》有17个篇章，2300行，需要唱三天三夜才能完成。《牡帕密帕》歌词通俗简练，格律固定，对偶句居多。曲调优美动听，调式只有一个，因地域不同而有差异。一般在传统节日、宗教活动或农闲期间说唱，唱者声情并茂，听者如痴如醉，说唱往往通宵达旦，参加者无不兴致盎然。从内容上看，史诗涉及万物的创造、人类繁衍、集体狩猎、分配制度、历史迁徙、营造房屋、工具利用、农事节令及工匠制作等内容，它以神奇大胆的想象，描述并歌颂了拉祜族先民创造生活条件的艰苦斗争历程，从中可以看到拉祜族的社会发展过程，体察到他们的民族心理、民俗等方面的状况。《牡帕密帕》是浩瀚的拉祜文化中的一颗璀璨明珠，是拉祜族历史文化研究不可或缺的宝贵资料，是拉祜族的百科全书。

佤族创世史诗《司岗里》，广泛流传在普洱市的西盟、澜沧、孟连等地和其他佤族聚居地区。“司岗里”就是讲述佤族先民的最初来源。“司岗”有石洞和葫芦的意思，“里”是出来的意思，即佤族的祖先是从石洞或葫芦里出来的，它被视为人类的发祥地和诞生地。佤族将“司岗里”视为圣地，每年都要在此地举行祭祀活

《牡帕密帕》传承人演唱《牡帕密帕》

动。流传久远的史诗《司岗里》讲述的是从司岗里走出了佤族、汉族、傣族、彝族、布朗族、拉祜族……他们个个都是亲兄弟，亲兄弟一个个外出闯天下，天下都是家。史诗通过远古佤族先民对宇宙万物以及人类起源等洪荒时代一系列重大事件的独特释源，富有想象力地描述了劳动创造世界的过程，表现了各民族的团结和友好。它不仅有很高的艺术价值，也是研究佤族远古历史的珍贵文献。

哈尼族民间叙事长诗《洛奇洛耶与扎斯扎依》长期流传在滇南，特别是流传在普洱市的墨江、江城、宁洱一带哈尼族聚居的广大村寨中，是哈尼族珍贵的文化遗产，是哈尼族赞颂劳动的歌、赞颂纯真爱情的歌，更是赞颂最出色的男女青年反抗压迫、争取自由的坚强性格和不屈灵魂的英雄颂歌。男主人公阿基·洛奇洛耶（意为顶天立地的英雄）和女主人

公密扎·扎斯扎依（意为智慧美丽的花朵）的悲剧，是哈尼族人民曾经遭受过的历史悲剧。这对青年男女为群众的生存挺身奋斗，被砍成肉块、剁成肉酱依然复活，那虽死犹生、灵魂永远不死的传说，是哈尼族坚强性格的艺术再现。

傣族英雄史诗《厘俸》，流传于普洱景谷等地傣族聚居区，有民间口述传承，也有用傣文记载流传。《厘俸》展示了从原始社会解体至奴隶制初期傣族先民广阔的社会生活。当傣族先民进入“英雄时代”以后，由于使用铁制工具、象耕，创造了剩余的生活资

料，使得私有观念和私有财产的产生和存在成了可能。于是，社会开始出现了阶级的划分，随之而来的便是无休止的掠夺战争。这种以掠夺的方式获得财富的手段，在当时被视为一种光荣的行径。于是，力量和勇敢成为这个时代的道德风尚，形成整个社会崇尚武功、赞扬英雄的风俗。《厘俸》是一部叙述古代英雄海罕和俸改之间的战争的史诗。它不仅具有重要的文学价值，而且在民族学、民俗学、宗教学等方面也有珍贵的价值。《厘俸》一共有三册，第一册是创世纪，第二册叙述海罕和俸改的身世，第三册叙述古代英雄海罕和俸改之间的战争。

边地画语：绝版木刻画

在普洱，有两种文本应该提及，一个是“生态文本”，如普洱茶、咖啡等，另一个就是“文化文本”，

❶绝版木刻《牧野》
❷绝版木刻《晌午》

如绝版木刻这一独特的画种即是。

在普洱谈到美术，就不得不谈普洱绝版木刻版画的前世今生。

1984 年，普洱市一群年轻画家，没有拘泥于版画的传统技法，天才般大胆突破，颠覆了传统套色木刻创作的制作程序和审美观念，将一幅画所有的色版都集中在一块版上，采用边刻边印逐版递减的创作方式来完成。因这种刻印版画的过程是自然毁版的过程，无法逆转，作品完成后原版已无法再印出作品，因而被称之为绝版木刻版画。经过几度春秋，曲折坎坷，现今已经发展成为一个当代艺术流派。普洱，因此成为蜚声中外的绝版木刻版画艺术的摇篮，是当代艺术在茶马古道上的时代传奇与再现。

30 年来，绝版木刻版画植根本土和传统，积极融进世界和当代艺术因素，形成了富有生命力的流派与风格，引起了中外艺术界的密切关注。特别是在题材与内容方面的拓展，更令中外艺术家们

为之赞叹。其作品多次获得国家级美术展览的金、银、铜奖和优秀奖，作品《拉祜风情》《村寨》《原野》分别荣获全国金奖。许多普洱市艺术家频频被邀请到海内外讲学。他们的作品多次到北京、上海、广州、深圳等大中城市进行交流展览，并漂洋过海，到了世界五大洲等近 20 个国家和地区进行过展出，这些作品还受到国内外各类美术馆和博物馆以及收藏家的青睐。普洱绝版木刻版画为普洱争得了荣誉，为“天赐普洱、世界茶源”添了彩，也为中国版画的发展和中国当代艺术史建设做出了杰出的贡献。

后　记

文化是一个民族的灵魂和血脉，是一个民族的精神记忆和精神家园，每一方山水都有自己特立独行的文化记忆。正因有文化的承载，自然山水、历史人文、民俗风情、特产美食通过文字给我们留下了刻骨铭心的记忆和温暖，让我们得以回顾过去，关注当下，憧憬未来。优秀的文化，总能以其特有的感染力和感召力，给予我们力量、启迪和教育，引领我们前行。

普洱是上苍撒落在人间的“伊甸园”，在4.5万平方公里的土地上，山河纵横，林海茫茫，无量、哀牢两座大山贯穿南北，澜沧江、威远江、李仙江穿行流淌。26个民族（含14个世居民族）山水相连，和谐相居。一个个美丽的村落像散落的珍珠点缀在高山峡谷间，栖息在河流平坝上。每一个火塘都有精彩的故事，每一个村落都有动人的传说，每一条河流都是优美的画卷。千百年来，中原文化、南诏文化、边地文化、佛教文化、道家文化和西方文化在这里积淀交融，创造了人与自然和谐的生态文化、鲜明厚重的普洱茶文化、绚丽多彩的民族文化和开放包容的边地口岸文化，形成了独特多元的文化走廊和少数民族聚居的神秘之都。尤其可贵的是普洱的民族文化，无论是物质形态，还是精神层面，传承至今几乎没有被人为雕琢过，具有原始神秘、古朴生态、多元交融的特质。这是一方灵秀的山水，值得我们去书写、记忆和赞美。

撰写一套“文化普洱”丛书，是普洱文化人多年来的集体式梦想，也是对普洱文化情有独钟的各方人士的群体性企盼。云南出版集团、云南人民出版社与普洱市委、市政府联手推出“文化普洱”丛书定神盛宴，十一卷共一百多万字、上千幅图片的文化巨制设想终于落地。九县一区各编撰一卷外，综合卷编撰任务理所当然地落在市文联的肩上。编撰《文化普洱·综合卷》，市文联动员了诸多人文资源和写作力量，前后历时三年，三易提纲，五易文稿，多次编校，在市委领导、政府关心，宣传部门支持和出版社指导下，终于付梓。编撰人员诚惶诚恐静候读者评判，文化珍珠散落于普洱大地的山水人文间。我们小心翼翼地躬身捡拾，拭净浮尘，用文化大散文的手法，串缀成链，奉献给亲爱的读者。虽挂一漏万，但不能忘记他们的努力。主要编撰人员有：第一章向洪，第二章李冬春、杨开德，第三章罗杞而、马青，第四章泉溪，第五章徐忠明。对在丛书策划、编辑指导过程中参与的领导和图片拍摄、资料收集、文稿编校中参与并做出贡献的同志，因人数众多，在此很难一一列名，只好一并感谢。

编撰《文化普洱·综合卷》，我们力求将散落于滇南大地的普洱文化中最精彩、最神秘、最厚重的部分穿缀起来集中展现给读者，使之成为人们打开“天赐普洱·世界茶源”的钥匙，让多元并存、丰富多彩、博大精深、熠熠生辉的普洱民族文化得以传承和弘扬。由于编撰者学识的局限及编辑考虑等方面的原因，书中难免有遗珠之憾，敬请读者批评指教。

《文化普洱·综合卷》编委会